Franz Herre
Die Fugger in ihrer Zeit

Franz Herre

Die Fugger in ihrer Zeit

Wißner

Dr. Franz Herre, Jahrgang 1926, wuchs in Augsburg auf, studierte in München Geschichte und wurde Journalist. Seine erste Station war die »Schwäbische Landeszeitung« (heute »Augsburger Allgemeine«). Von 1962 bis 1981 war er Chefredakteur bei der »Deutschen Welle« in Köln.

Franz Herre ist als Historiker vor allem mit Biographien über Gestalten des 19. Jahrhunderts hervorgetreten: »Freiherr vom Stein«, »Kaiser Franz Joseph von Österreich«, »Kaiser Wilhelm I.«, »Radetzky«, »Metternich«, »Moltke«, »Bismarck« und andere.

Bibliografische Information Der Deutschen Bibliothek
Die Deutsche Bibliothek verzeichnet diese Publikation in der Deutschen Nationalbibliografie; detaillierte bibliografische Daten sind im Internet über http://dnb.ddb.de abrufbar.

ISBN 3-89639-490-8
Erstauflage 1985
12., neu illustrierte Auflage: 31.-35. Tausend

Inhalt

Hernach volgt der abgesenckt Manßstam̃en des Eerlichen vñ altlob/
lichē fuggerischē gschlechts/ vñ ist Hans fugger d'.j. laut d'tafl von im bschrib
Clara Widolffin Hansen fuggers erste
Eeliche haußfraw/ mit dem sie zwo
Töchtern eelichen erzeuget hatt.
Elizabet Gfattermenin hansen fuggers
andere Eeliche haußfraw/ mit dem sie
fünf Sön eelichen erzeuget hatt.

Stadtluft macht frei

Bild links:
Hans Fugger, 1367 nach Augsburg eingewandert, ist in dem »Fuggerschen Ehrenbuch« mit der Fuggerschen Handelsmarke (schwarzer Dreizack auf Gold) dargestellt, zu seinen Seiten die beiden Ehefrauen Clara Widolf (gest. vor 1382) und Elisabeth Gfattermann (gest. 1436).

»*Fucker advenit*« – mit diesem Vermerk im Steuerbuch meldete der Rechnungsschreiber im Jahre 1367 die Ankunft eines Hans Fugger in der Freien Reichsstadt Augsburg. Und markierte damit den Beginn des Aufstieges einer Familie, die einhundertfünfzig Jahre später den Gipfel erreichte, mit Jakob Fugger dem Reichen, der für die Wirtschaft das wurde, was Leonardo da Vinci für die Kunst und Erasmus von Rotterdam für die Wissenschaft waren – ein neuer Menschentyp, der eine neue Zeit, die Neuzeit, zu prägen sich anschickte.

Sie kündigte sich bereits im Jahre 1367, am Ende des Mittelalters, an. Von diesem war noch das Heilige Römische Reich Deutscher Nation geprägt, das jedoch seine großen Zeiten hinter sich hatte, in zahllose Territorien zersplittert, heillos in sich und mit sich zerfallen war. Wer nach vorne blickte, mochte darin etwas Positives erkennen. Denn in den Teilen, den sich entwickelnden Ländern und den emporsteigenden Städten, lag der Wurzelgrund des Neuen, einer modernen Gesellschaft und des modernen Staates.

In Italien hatte die Renaissance begonnen, die Geburt der Moderne durch die Wiedergeburt der Antike. In Südfrankreich, wo die Päpste in Avignon residierten, stieg Francesco Petrarca, ein Humanist und Dichter, auf den Mont Ventoux – und erlebte in der freien Natur sich selbst, einen neuen, freien Menschen.

Ein ähnliches Lebensgefühl, wenn auch bescheiden und unausgesprochen, mochte Hans Fugger beflügelt haben, aus dem unweit von Augsburg gelegenen Lechfelddorf Graben in die Stadt zu ziehen.

»*Stadtluft macht frei!*« sagte man damals und meinte damit: Wer vom Land in eine Stadt zog, die adelige Grund-

Die älteste Stadtansicht von Augsburg aus Hector Mülich, Abschrift der Stadtchronik von Sigismund Meisterlein, 1457.

Das Dorf Graben auf dem Lechfeld, aus dem Hans Fugger 1367 nach Augsburg einwanderte. Ölgemälde (Ausschnitt) von Johann Michael Frey, um 1800. Die beiden Häuser in der Bildmitte sind möglicherweise die Fugger-Stammhäuser.

herrschaft mit einem bürgerlichen Gemeinwesen vertauschte, entledigte sich feudalistischer Fesseln, befreite sich aus bäuerlichen Verpflichtungen – ohne indessen das zu gewinnen, was man später unter persönlicher und bürgerlicher Freiheit verstand. Noch lebte man im Mittelalter, blieb in das für diese Zeit charakteristische Geflecht von Pflichten und Rechten eingebunden, in der Stadt freilich lockerer als auf dem Land.

Indessen hatte ein Stadtmensch mehr Möglichkeiten, sich persönlich zu entfalten, wirtschaftlich voranzukommen, gesellschaftlich aufzusteigen, als Stadtbürger politisch mitzubestimmen. Denn auf dem Boden des städtischen Gewerbes und an Rahmen der städtischen Verfassung war dem Fortschritt Raum gegeben. »*Im 14. und 15. Jahrhundert*«, stellte Gustav Freytag in seinen »Bildern aus der deutschen Vergangenheit« fest, »*sind die Städte Bewahrer der besten treibenden und bildenden Kraft; alle großen Erfindungen, fast jeder Fortschritt wird durch sie geschaffen oder doch gefestigt.*«

Augsburg war eine solche Stadt. Das Schicksal hatte es gut mit ihr gemeint. Sie war geographisch begünstigt, im Schnittpunkt der Wege zwischen Süd und Nord, West und Ost gelegen. Sie lag strategisch günstig, auf einer Anhöhe zwischen Lech und Wertach. Die Natur hatte sie mit Wasserkräften versorgt, Energiequellen für Gewerbebetriebe – und die Völkerwanderung mit einer Bevölkerung, die das alles zu nützen verstand, mit tüchtigen, fleißigen, zielstrebigen Schwaben.

Auch in der Geschichte hatte die Stadt Fortune gehabt, von Anfang an. Von den Römern im Jahre 15 vor Christi Geburt, in der Zeit des Kaisers Augustus, gegründet, wurde die nach ihm benannte Augusta Vindelicum Hauptstadt der Provinz Raetia. Die Schwaben machten weiter, wo die Römer und die von ihnen kolonisierten Kelten nach vier Jahrhunderten aufhören hatten müssen.

Damit Augsburg ein abendländisches Paradebeispiel werden konnte, musste zum Römischen und zum Germanisch-Schwäbischen noch der dritte Ton des Dreiklanges hinzukommen: das Christliche. Noch in der Römerzeit gelangten die Anhänger des Jesus von Nazareth nach Augsburg. Am Anfang des 4. Jahrhunderts erlitt Afra den Märtyrertod, wurde Stadtheilige.

Als Stadtheiliger kam Ulrich hinzu, der bedeutendste der Bischöfe, die seit dem Ende der Römerherrschaft in Augsburg saßen. Im Jahre 955 schlug Bischof Ulrich an der Seite König Ottos I. die Ungarn auf dem Lechfeld zurück, was diesem die Kaiserkrone und jenem die Ehre der Altäre eintrug.

Ein »Reichsgotteshaus« wurde die Kirche St. Ulrich und Afra. Die Bischofsstadt wurde Reichsstadt. Die Kaiser Friedrich Barbarossa und Friedrich II. schätzten Augsburg, König Rudolf von Habsburg privilegierte es am 9. März 1276 als »Freie Stadt«, machte sie reichsunmittelbar. Nach und nach hatten die Bürger die Herrschaft des Bischofs abgeschüttelt. Im Stadtbuch von 1276 wurden ihre Rechte aufgezeichnet; es enthielt Regeln für die alljährliche Wahl eines Rates sowie Handelsbestimmungen und Gewerbevorschriften. Die Privilegien der Freien Reichsstadt wurden Zug um Zug erweitert: König Adolf von Nassau befreite Augsburg von fremdem Gerichtszwang, König Ludwig der Bayer garantierte, dass die Stadt, die der Reichsadler schirmte, niemals verkauft oder verpfändet werden dürfe.

Die Gnadenerweise der Herrscher ergingen nicht umsonst, die Bürger hatten Gegenleistungen zu erbringen: Zuschüsse für die Reichskasse. Sie taten es nicht gerne, aber sie konnten es. Die Reichsfreiheit und die Stadtrechte förderten Gewerbe und Handel,

Zunfterhebung bewaffneter Handwerker vor dem Augsburger Rathaus, 1368. Federzeichnung in einer anonymen Chronik von St. Ulrich und Afra.

zeitigten zunehmend Gewinn – an Geld, an Macht, an Schönheit. Um die Mitte des 14. Jahrhunderts war Augsburg zu einer stolzen Stadt emporgewachsen, was ihr schon von außen anzusehen war: Mauern, Tore, dahinter aufragend die Türme, der Dom, der Perlach, Sankt Moritz, St. Ulrich und Afra. Und in der Mitte das Rathaus, die Zitadelle des Bürgertums.

Im Inneren der Stadt war freilich noch mittelalterliche Enge anzutreffen. Die Mauern, deren man nicht nur zur Abschnürung gegenüber dem flachen Land, sondern auch und vor allem zur Abwehr äußerer Feinde bedurfte, quetschten wie ein zu eng geschnallter Gürtel die Häuser zusammen, ließen nur Raum für Gassen und Gässle, ein paar kleine Plätze, immerhin auch für eine Hauptstraße, die vorn Dom über das Rathaus zu St. Ulrich und Afra führte, die Hauptader der Reichsstadt war und daran erinnerte, dass sie eine Römerstadt gewesen war – denn Augsburgs Hohe Straße war die Fortsetzung der römischen Via Claudia, die von der römischen Provinzhauptstadt in die römische Reichshauptstadt geführt hatte, direkt zum Goldenen Meilenstein auf dem Forum Romanum.

Nun begann auf dieser Straße ein wichtiger Handelsweg nach dem Süden, nach Italien, in das nicht nur deutsche Kaiser, sondern auch Augsburger Kaufleute zogen, zum Mittelmeer, das auch das Mare nostrum des mittelalterlichen Reiches war. Als Markt wurde die Stadt wichtig, als Umschlagplatz für ländliche und städtische Erzeugnisse. Und schon gab es Augsburger, die weiter griffen als bis nach Baiern und Franken, in alle Himmelsrichtungen des Reiches, weit in den Norden hinauf und tief in den Süden hinunter, Waren hereinholten und Waren hinbrachten – mehr und mehr Produkte des Augsburger Gewerbefleißes, vor allem Webwaren, Stoffe, Textilien.

Mit der Woll- und Leinenweberei hatte es angefangen, Dann kam Barchent auf, durch Zusammenweben von Baumwolle und Flachs. Wolle und Leinen webte man auch auf dem Land, Barchent war hauptsächlich ein städtisches Erzeugnis und Ausfuhrgut. Landweber zog es nach Augsburg, das als Barchentstadt Zukunft versprach.

Hans Fugger gehörte zu denen, die in Augsburg an ihrem Glück weben wollten. Das Handwerk hatte er in Graben, in der väterlichen Hausweberei, gelernt und damit Geld verdient. Er kam nicht, wie es die Legende wissen wollte, als arme Kirchenmaus in die Stadt – er brachte Geld mit, mit dem er sozusagen das Eintrittsbillett in das bürgerliche Gemeinwesen erwarb.

Er kam genau im richtigen Moment, was für sein Gespür, jedenfalls für sein Glück sprach. Ein Jahr nach seiner Übersiedelung, 1368, nahmen die in den Zünften zusammengeschlossenen Handwerker mit der Stadtregierung nicht nur ihr politisches, sondern auch ihr wirtschaftliches Geschick selber in die Hand.

Eine Zunft war eine Handwerkergenossenschaft. Nur ihre Mitglieder durften das jeweilige Gewerbe in der Stadt betreiben. Zunächst war die Zunft eine wirtschaftliche Organisation zur Beschränkung der Produzenten, zur Überwachung der Produktion und

Monatsbild von Jörg Breu (Werkstatt): »Oktober, November, Dezember« (Ausschnitt), ca. 1531

zur Sicherung des Absatzes. Sie war auch eine soziale Institution mit gesellschaftlichen Veranstaltungen und karitativen Verpflichtungen. Und sie wurde eine politische Körperschaft, die in der Stadtregierung mitbestimmten, sie schließlich – im Verein mit anderen Zünften – zu übernehmen trachtete.

Die Stadtregierung war in den Händen der Patrizier, der ratsfähigen Geschlechter, einer kleinen Anzahl von Bürgern erster Klasse. Die Mehrheit der in den Zünften organisierten, einen Großteil des Sozialproduktes erzeugenden und einen wachsenden Steueranteil aufbringenden Stadtbürger wollte dies nicht länger hinnehmen. Der Gegensatz zwischen den ortsgebundenen Zunfthandwerkern und den Fernhandel treibenden, vorwiegend den Geschlechtern angehörenden Kaufleuten spitzte sich zu.

Zum offenen Konflikt kam es in Augsburg im Jahre 1368. Am 23. Oktober zogen bewaffnete Handwerker vor das Rathaus. Ihr Wortführer, Hans Weiß, der Kellermeister der Weber, verlangte vom Rat das Stadtbuch, das Stadtsiegel, die Schlüssel zu den Stadttoren und die Kasse. Die Forderungen wurden von den bisherigen Inhabern der Stadtgewalt widerspruchslos und widerstandslos erfüllt.

Wie die Geschlechter, so wollten auch die Zünfte, alle Augsburger, ihren gemeinsamen Wohlstand nicht aufs Spiel setzen. Einträchtig gaben sie sich eine Zunftverfassung: Von den 17 Zünften wurde jeder Zunftmeister und von den 12 größeren Zünften je ein zweiter Vertreter Mitglied des Kleinen Rats. Diese 29 Ratsmitglieder der Zünfte wählten 15 Ratsmitglieder aus den Geschlechtern hinzu. Die Zünfte und die Geschlechter wählten je einen Bürgermeister, Stadtpfleger genannt, aus ihrer Mitte.

»*Das geschah*«, so der Stadtchronist, »*alles mit guotem Fried.*« Es verlief augsburgerisch, schiedlich-friedlich, weil keiner mit dem eigenen Wohl das Wohl des Ganzen in Frage stellen wollte. Wie man nun, nach Bereinigung der sozialen Querelen, zwei Stadtpfleger hatte, einen aus den Zünften und einen aus den Geschlechtern, so sollte es später, nach Beilegung des konfessionellen Streites, zwei Stadtpfleger geben, einen katholischen und einen evangelischen.

Der innere Frieden, die Ruhe der gemeinsam gegebenen und überwachten Ordnung – das war eine Voraussetzung für den Aufstieg der Stadt Augsburg und in ihr und mit ihr der Familie Fugger.

Die Fugger von der Lilie

Hans Fugger, der frischgebackene Augsburger, hatte Glück und wusste es zu nutzen und zu mehren. Der tüchtige Weber, nicht unvermögend und wohlgelitten, heiratete Klara Widolf, Tochter des Zunftmeisters der Weber, erheiratete damit das Augsburger Bürgerrecht. Nach ihrem frühen Tod vermählte er sich mit Elisabeth Gfattermann, die ebenfalls Kind eines Zunftmeisters der Weber war. Schon konnte er 500 ungarische Goldgulden für ein Haus hinlegen. Für einen gemachten Mann hielt er sich noch lange nicht – obwohl er Zunftmeister und Ratsherr geworden war, im Jahre 1396 unter den 2 930 Steuerzahlern der Stadt bereits auf dem 41. Platz stand.

Das Handwerk, sagte man, habe goldenen Boden. Doch wer auf ihm stand, es weiter bringen wollte, hatte viel Müh und Plag. Hans Sachs, der »Schuhmacher und Poet dazu«, wusste davon ein Lied zu singen:

»Ich bin ein Weber zu Leinen Wat/
Kan wircken Barchent und Sponat/
Tischtücher, Handzwehl, Facilet/
Und wer Lust zu Bettziechen hett/
Gewürfelt oder Kamaca/
Allerlei gmödelt Tücher da …«

Schon gab es Weber, die Kaufleute geworden waren, die nicht nur eigene, sondern auch Erzeugnisse anderer vermarkteten, Baumwolle einführten, Tuche ausführten, Transithandel betrieben. Und dabei nicht nur wohlhabend, sondern auch angesehen wurden, in die Kaufleutezunft aufstiegen, hohe städtische Ämter und Würden erlangten, es den Geschlechtern gleichtaten.

Ein Beispiel: Jos Kramer, von dem Burkard Zink, der zeitgenössische Chronist, der bei ihm als Faktor angefangen hatte, berichtete: »*Jos Kramer, der war ein gewaltig Mann hie, er war ein Baumeister; doch war er einer von der Gemein aus der Weberzunft. Doch treibt er das Handwerk nit, denn er bedorft sein nit; er treibt Kaufmannschaft mit Pelz von der Steiermark, auch ander Kaufmannschaft von Venedig, als Baumwoll etcetera.*«

Das war ein gemachter Mann, der etwas hatte und wer war, ein Kaufmann, wie ihn Hans Sachs vorstellte:

»Ich aber bin ein Handelsmann/
Hab mancherley War bey mir stan/
Würtz, Arlas, Tuch, Wolln und Flachs.
Sammet, Seiden, Honig und Wachs/
Und ander War hie ungenannt/
Die führ ich ein und aus dem Land …«

Dieses Vorbild hatte Hans Fugger vor Augen. Schon wohnte er schräg gegenüber dem Zunfthaus der Weber, an Augsburgs Hauptstraße, die eine Hauptachse des Handels war. Doch nicht mehr ihm, der im Jahre 1408 starb, erst der folgenden Generation glückte der Sprung in die Kaufmannschaft. Der älteste Sohn von Hans

Jakob Fugger der Alte

Fugger, Andreas Fugger, nannte sich bereits Kaufherr, verdiente am Textilhandel, wurde schon der »reiche Fugger« genannt, erwarb Lehen in Schwaben, war nun auch Grundherr.

Sein Sohn Lukas erhielt von Kaiser Friedrich III. ein Wappen: auf blauem Grund ein springendes goldenes Reh. Das war bezeichnend für diesen Fugger: Er war zu sprunghaft, zu habgierig, zu ehrversessen. So übernahm sich Lukas, machte Bankrott. Die »Fugger vom Reh« stiegen so schnell ab, wie sie aufgestiegen waren. Bis zum 17. Jahrhundert sind sie noch nachzuweisen, im Süden, Westen und Osten Deutschlands, schließlich noch unter dem Namen Fukier in Warschau.

Der andere Zweig der Fugger wuchs heran, blühte auf – wie es seinem Wappen, der Lilie auf Gold und Blau, entsprach. Die »Fugger von der Lilie« erhielten ihr Wappen später als die Verwandten und Konkurrenten, die »Fugger vom Reh«. Doch sie erwiesen sich als vorsichtiger und weitschauender, stiegen höher hinauf und hielten länger durch.

Der Gründer der Linie von der Lilie war der jüngere Sohn des Hans Fugger, Jakob der Alte. Er nannte sich Webermeister, Ratsherr und Kaufherr, blieb der grundlegenden Dreiheit verbunden: Solidität des Handwerks, Verpflichtung im Gemeinwesen, Engagement im Handel. Und schlug den Dreiklang an, der immer lauter und mächtiger ertönen sollte.

Jakob Fugger der Alte war, wie ihn Eugen Ortner beschreibt, *»kein schöner Mann, er hatte eine viel zu große, vorn knollige Nase, und über ihr kniff eine mit den Jahren schärfer werdende Falte die Stirn. Der Mund war verschlossen, so dass sein Gesicht einen fast mürrischen Ausdruck hatte. Dazu kam der sonderbare Blick der schief gestellten Pupillen, die eine Mischung von schwäbischer Bauernschläue und zähem Handwerkergeist anzudeuten schienen. Energie sprach aus diesem Gesicht …«*

Von einer Pelzmütze, einem Zeichen der Wohlhabenheit, ist das Gesicht dieses Schaffers eingerahmt, auf dem Porträt, nach einem verschollenen Original, in Schloss Babenhausen. Jacobus Fugger Senioris, wie darüber steht, hatte reich geheiratet: Barbara Bäsinger, die Tochter eines gelernten Goldschmiedes, bestellten Münzmeisters und arrivierten Silberhändlers. Von ihm konnte der Fugger lernen, wie man es nicht machen durfte: Bäsinger wollte zu schnell zu viel haben, kam hoch hinauf und stürzte tief hinab. Er machte 1444 Konkurs, ging in Schuldhaft.

Jakob der Alte, noch umsichtiger geworden, setzte behutsam Schritt vor Schritt. Damit kam er weit: 1461, acht Jahre vor seinem Tod, stand er in der Liste der Augsburger Vermögen auf dem zwölften Platz.

Das war schon etwas in einer Stadt, die insgesamt reich geworden war, die von einem an Grandezza gewöhnten Italiener, dem Humanisten Aeneas Sylvius Piccolomini, nicht genug bewundert werden konnte: »*Es ist schwer etwas zu finden, worin Augsburg von einer anderen Stadt übertroffen werden könnte, Du magst den äußeren Glanz der Stadt, den Reichtum der Bürgerschaft und Geistlichkeit oder die städtische Verfassung betrachten ... Es möchten wohl Fürsten die Bewohner solcher Häuser beneiden ... Wo ist eine Frau, ich sage nicht vom Adel, sondern eine bürgerliche, die nicht von Golde glänzt?*« Noch war es nicht einmal das Goldene Augsburg – und die Fugger waren noch nicht das goldene Geschlecht. Ihren sprichwörtlich werdenden Reichtum und mit der wirtschaftlichen ihre politische Macht gewannen sie erst unter den Söhnen Jakobs des Alten: Ulrich, Georg und Jakob dem Zweiten, welcher, »der Reiche« genannt, der Bedeutendste aller Fugger werden sollte.

Nach dem Tode Jakobs des Alten im Jahre 1469 übernahm der älteste Sohn Ulrich die Geschäftsleitung der 1463 in die Kaufmannszunft übergetretenen Familienfirma. Er führte sie in der gewohnten Bahn, betrieb vor allem Transithandel, mit Tuchen und Spezereien. Sein Bruder Markus ging nach Rom, agierte im Zwischenbereich von Kontor und Kurie, im Zwielicht von Geschäft und Kirche. Bruder Georg blieb im weltlichen, allzu weltlichen Bereich, in Venedig, wo ihn Giovanni Bellini malte, als Cavaliere der Renaissance.

Im Jahre 1473 – in Thorn wurde Nikolaus Kopernikus geboren – ging der Stern der Fugger auf. Kaiser Friedrich III. kam mit seinem Sohn und Erben Maximilian nach Augsburg – auf dem Wege nach Trier, zur Begegnung mit Karl dem Kühnen von Burgund, dessen Tochter Maria der junge Habsburger heiraten sollte, die Erbin eines Landes, das von Dijon bis Brüssel reichte, und eines unermesslichen, sagenhaften Vermögens.

Dafür musste der Prinz ausstaffiert werden, und wo hätte dies besser geschehen können als in Augsburg, einer Stadt der Luxusweber und Luxusschneider! Doch die Habsburger waren zwar große Herren, aber hatten nie Geld. Nicht einmal für das Nötigste schien es zu reichen: Bei Augsburger Bäckern, Metzgern und Kramern standen sie mit 2 000 Gulden in der Kreide. Augsburger Kaufherren, wovon es neben den Fuggern eine ganze Reihe gab, rückten keinen Kredit mehr heraus.

Ulrich Fugger witterte seine Chance. Er kleidete Kaiser, Kronprinz und Gefolge in kostbares Tuch, staffierte sie prächtig aus. Bares erwartete er dafür nicht. Kaiser Friedrich III. verlieh ihm und seinen Brüdern das Lilienwappen. Und das investierte Geld sollte er mit Zins und Zinseszinsen zurückbekommen: durch die angebahnte Geschäftsverbindung mit den Habsburgern, die sich bald doppelt und dreifach auszahlte.

Schwaz, Fuggerhaus, heute Kreuzwegerhaus

Die Augsburger hatten sich ein aufsteigendes Herrschergeschlecht verpflichtet. Das Haus Österreich war dabei, sich um Burgund und die Niederlande, um Spanien, Böhmen und Ungarn zu erweitern, ein Reich zu werden, in dem die Sonne nicht unterging; denn auch über die spanischen Besitzungen in Lateinamerika sollten die Habsburgcr bald gebieten. Die Fugger stiegen zu Montan-Magnaten, Großbankiers und Welthandelsherren auf, indem sie Unternehmungen der Habsburger in Krieg und Frieden finanzierten. Sie erhielten dafür nicht nur die Ehre, Großsäckel-

Ansicht von Schwaz, Tirol, um 1556

Fugger-Thurzo-Haus in Neusohl (Banská Bystrica), Slowakei

meister der Weltherren sein zu dürfen, sondern ließen sich mit handfesten Sicherheiten honorieren: Bergwerke zur Ausbeute, Privilegien im Metallhandel, Silber, Kupfer, Zinn und Quecksilber, in Tirol und Kärnten, in Thüringen und Böhmen, in der Slowakei in Spanien.

Mit dem Reich der Habsburger wuchs der Gewinn, der Glanz und die Macht der Fugger. Das Augsburger Haus wurde eine Weltfirma mit vielen Geschäftszweigen: Bergwerke, Metallverarbeitung, Textilgewerbe, Handel mit Edelmetallen, Gewürzen und Tuchen, Bankgeschäft. Die Firma expandierte Jahr um Jahr: 1484 erhielten die Fugger eigene Kammern in dem bereits seit 1288 bestehenden Fondaco dei Tedeschi, der deutschen Handelsniederlassung in Venedig. 1487 fassten sie im Tiroler Silberbergbau Fuß. 1488 beteiligten sie sich an der Breslauer Firma der Thurso, Auer und Metzler. 1489 war das landesherrliche Bergregal im erzreichen Tirol de facto an die Fugger übergegangen. 1491 stiegen sie in das ungarische Montangeschäft ein.

Bald besaßen die Fugger faktisch das Kupfermonopol in Europa. Sie profitierten aus Kupfergruben in Mansfeld in Thüringen, Neusohl in der Slowakei, Rattenberg und Schwaz in Tirol, aus Hütten- und Hammerwerken in Hochkirchen im Thüringer Wald, Fuggerau bei Villach in Kärnten und Teschen in Böhmen. Kupfer war zunehmend gefragt, die Kosten sanken, die Preise stiegen und mit ihnen die Gewinne.

Die Großfirma war ein Familienbetrieb geblieben. Doch mehr und mehr rückte der jüngste der Brüder an die Spitze, der am 6. März 1459 in Augsburg geborene Jakob Fugger, der Mann, unter dem das Unternehmen den Zenit erreichte.

Renaissance und Frühkapitalismus

In eine neue Zeit wuchs Jakob Fugger hinein. Sie begann den Menschen aus mittelalterlichen Bindungen zu befreien, eröffnete ihm neue Horizonte und bot ihm neue Chancen.

Es war die Zeit der Renaissance, in der mit der alten Kunst ein neues Menschenbild entdeckt wurde, des Humanismus, der aus antiken Schriften ein modernes Lebensgefühl herauslas, der Reformation, die eine Abkehr von mittelalterlichen Kirchenformen und eine Hinwendung zu einer verinnerlichten Religiosität predigte.

Der Buchdruck wurde erfunden, der die neuen Ideen verbreiten half, und der Kompass, mit dem neue Erdteile entdeckt wurden: Amerika, der Seeweg nach Indien. Die Menschen wurden sich ihrer Individualität bewusst, die Völker ihrer Eigenart, die Staaten ihrer Sonderrolle. Und der Frühkapitalismus entstand, eine neue Wirtschaftsform, ausgehend vom neuentdeckten Individuum, der Neubewertung der persönlichen Leistung und einer Neueinschätzung des Gewinns in dieser und für diese Welt.

In Italien hatte vieles begonnen: Renaissance, Humanismus und Frühkapitalismus. Dessen Anfänge reichten bis zum Ende des 13. Jahrhunderts zurück: Damals wurde die unbare Zahlung mit Giroverkehr, Wechselbrief und Depositenschein entwickelt, ebenso die Hypothek. Fachausdrücke im Bankwesen tragen noch heute italienische Namen: Konto, Disagio oder Lombard. Der Frühkapitalismus war ein Ergebnis der neuen Stadtkultur und Stadtzivilisation, wie sie sich zuerst in Italien entwickelte, in Venedig, Genua, Mailand, vor allem aber in Florenz, wo die Medici zu einer Finanzmacht ersten Ranges geworden waren.

»Augsburg ist ein deutsches Florenz, und die Fugger sind den Medici an die Seite zu stellen«, erklärte im 16. Jahrhundert der deutsche Reformator Melanchthon, also ein Jahrhundert nach dem Höhepunkt von Kapital und Kunst in Florenz.

Es gab Unterschiede zwischen Florenz und Augsburg, zwischen Lorenzo il Magnifico und Jakob Fugger dem Reichen. Die Fugger gelangten später zum Gipfel, errangen nur indirekte, nicht – wie die Medici – direkte staatliche Macht. Und selbst eine so sehr im modernen Sinne ausgeprägte Persönlichkeit wie Jakob Fugger ergab sich nicht ganz und überall dem Neuen. Der Augsburger blieb in Manchem und Wesentlichem dem Alten verhaftet, der alten Kirche wie dem alten Kaisertum. Und blieb sein Leben lang im Zwischenbereich zwischen Zunftwesen und Frühkapitalismus, Gotik und Renaissance.

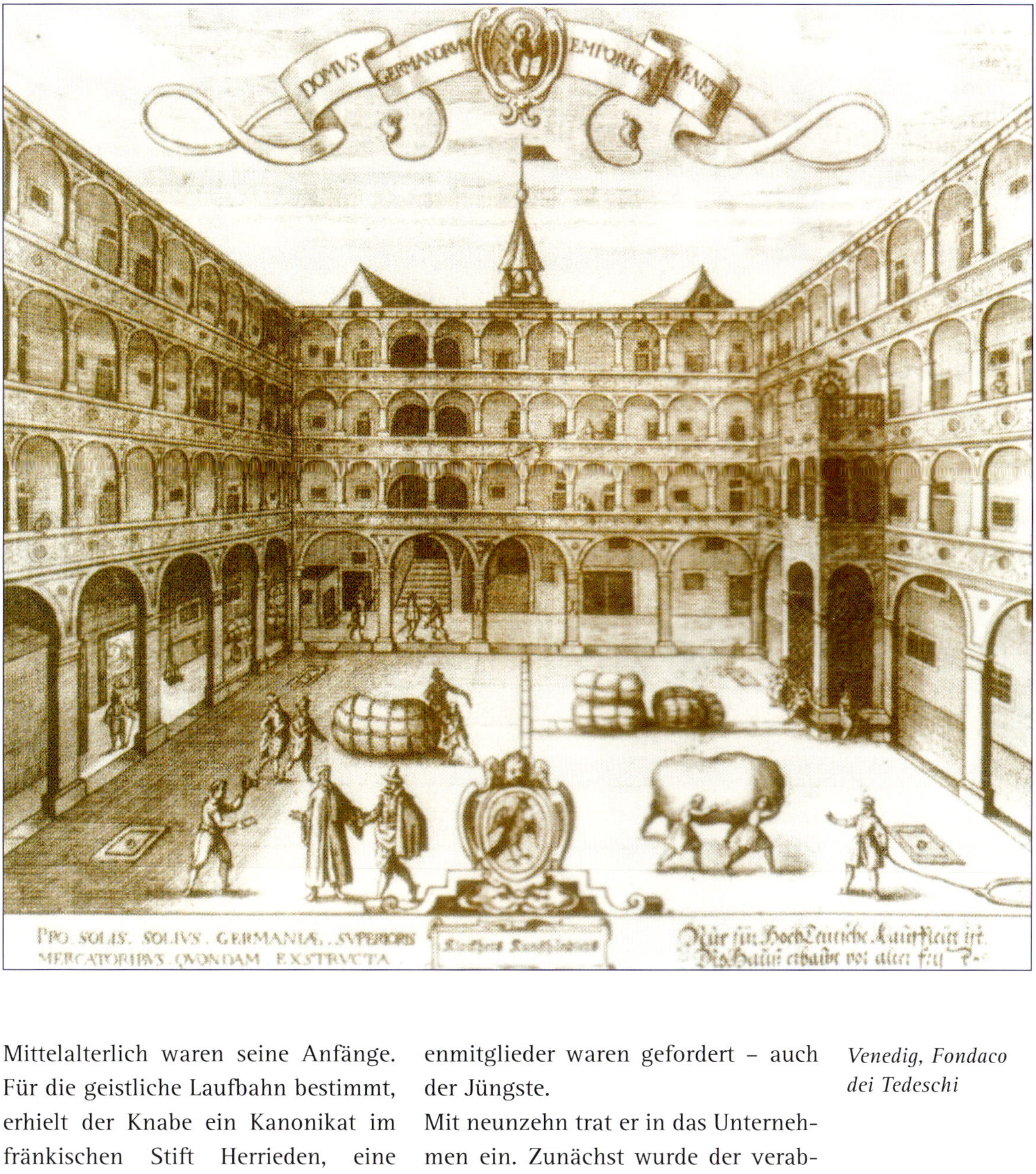

Venedig, Fondaco dei Tedeschi

Mittelalterlich waren seine Anfänge. Für die geistliche Laufbahn bestimmt, erhielt der Knabe ein Kanonikat im fränkischen Stift Herrieden, eine Pfründe, die jährlich nur vier Mark in Silber eintrug, doch als Einstieg in eine klerikale Karriere gelten mochte. Aber Jakob wurde kein Priester. Er selber fühlte sich dazu nicht berufen, und die Brüder brauchten den Jüngsten bald im Geschäft. Es nahm immer größere Ausmaße an, sollte jedoch ein Familienbetrieb bleiben. Alle Familienmitglieder waren gefordert – auch der Jüngste.

Mit neunzehn trat er in das Unternehmen ein. Zunächst wurde der verabschiedete Kanonikus und angehende Kaufmann nach Italien geschickt.

Im gelobten Land des Frühkapitalismus sollte er den modernen Geist in sich aufnehmen und die neuen Geschäftsmethoden erlernen.

Bei günstigem Wetter brauchte man von Augsburg nach Venedig mindestens zehn Tage, was für damalige Verhältnisse keine allzu lange Reise war. Der innere Zugang war kürzer und unmittelbar: Augusta Vindelicum lag an der Via Claudia, auf direktem Weg nach Italien, wie einst für römische Legionäre, so nun für den schwäbischen Kaufmannssohn.

Venedig. Um diese Zeit, im siebten Jahrzehnt des 15. Jahrhunderts, war die Lagunenstadt an der Adria noch die Königin der Meere, zwar mit weniger politischer Macht, doch ungebrochener wirtschaftlicher Kraft: 44 Banken, 77 Goldschmiedewerkstätten, 16 000 Weber für Seide, Leinen und Baumwolle, ein wichtiger Hafen, eine Brücke zum Orient, ein Gewerbeplatz und Handelszentrum par excellence.

Als der junge Schwabe Jakob Fugger im Jahre 1477 Venedig vor sich liegen sah, mag er nicht minder gestaunt haben als Jahrzehnte später der Italiener Pietro Aretino: »*Wenn ich an das Fenster trete, so sehe ich gegen tausend Menschen und ebenso viel Barken. Rechts fallen meine Blicke auf die Schlachtbänke und den Fischmarkt, links auf die Brücke und den Fondaco dei Tedeschi. In der Mitte der Rialto, von Geschäftsleuten wimmelnd. Die Barken gleichen Weinbergen, die Plätze scheinen Gärten, und die Läden sind von Wild und Geflügel überfüllt. Schön mit Sonnenaufgang ist der Kanal von allen Produkten, welche die Jahreszeiten bieten, überdeckt.*«

Den Augsburger interessierte zunächst der Fondaco dei Tedeschi, das Haus der deutschen Kaufleute – Stapelplatz, Kontor, Heimstatt. Hier waren sie unter sich, was ihnen gefiel und den Venezianern die Überwachung erleichterte. Der Nachwuchs auch und nicht zuletzt Augsburger Firmen wurde hier geschult. Jakob, der sich bald Jacobo nannte, schien weniger den Umgang mit Landsleuten als den mit Italienern gesucht zu haben, von denen er lernen konnte und wollte. Nicht nur die Methoden des Bankgeschäftes, sondern vor allem den Geist, der dahinter steckte, der sie bewegte, der auf Gewinn ausging – durch und für den neuen Menschen.

»*An Jakob Fugger vollzog sich eine echte Daseinsveränderung. Die Dynamik seines Lebens brach während dieser Jahre auf*«, bilanzierte sein Biograph, der Historiker Götz von Pölnitz. »*Der renaissancebedingte Italianismus griff bei Jakob trotz aller Bindung an das deutsche Spätmittelalter menschlich tiefer, als man glaubte.*« Er hatte schnell begriffen: lange blieb er nicht. Bereits 1479 kehrte Jakob Fugger, der später »der Reiche« genannt wurde, nach Augsburg zurück – mit Gewinn für seine persönliche Entwicklung: Der Blick war geweitet, zum ererbten Gotischen war erlebte Renaissance getreten.

Geschäfte mit Habsburg

Zunächst absolvierte der künftige Meister weitere Lehrjahre in der Augsburger Zentrale. 1485 wurde der Sechsundzwanzigjährige auf den wichtigsten Außenposten geschickt: als Leiter der Faktorei in Innsbruck. Das »Do ut des« begann, das Geben von Darlehen und das Nehmen von Bergwerksrechten und Handelsprivilegien, ein Geschäft auf Gegenseitigkeit, bei dem die Habsburger gut fuhren, die Augsburger bis auf weiteres mehr einnahmen als ausgaben.
In Innsbruck, der Hauptstadt von Tirol, residierte und regierte der Habsburger Herzog Siegmund. Sein Vater, Friedrich IV., war der »*mit der leeren Tasche*« genannt worden, der Sohn trug den Beinamen »der Münzreiche«, weil ihm die ergiebigen Silbergruben von Schwaz zur Verfügung standen. Doch so viel konnten sie gar nicht hergeben, wie er brauchte; er kam aus der Geldverlegenheit nicht heraus. Herzog Siegmund lebte in Saus und Braus, hatte zwar keine legitimen, aber 40 uneheliche Kinder zu versorgen. Und er baute und baute, führte Kriege, gegen Schweizer und Venezianer.

Albrecht Dürer, Innsbruck, ca. 1495

Bernhard Strigel, Die Familie Kaiser Maximilians I.

Jakob Fugger lieferte in Innsbruck sein Gesellenstück: Er stach die schwäbische und baierische Konkurrenz aus, half Herzog Siegmund aus Geldnöten – doch nie ganz, so dass er immer wieder Geld brauchte und immer neue Bergwerksrechte abtreten musste. Schließlich hatte er nichts mehr herzugeben und musste abtreten, Tirol seinem Vetter Maximilian übereignen. Als Maximilian I. gelang diesem die Wiedervereinigung der habsburgischen Lande. Und mit der Verheiratung seines Sohnes Philipp des Schönen mit Johanna von Kastilien, der Erbin von Spanien, begründete er die Weltstellung des Hauses Habsburg. Maximilian, der Sohn Kaiser Friedrichs III. und der Eleonore von Portugal, war im selben Jahre wie Jakob Fugger geboren, sogar im selben Monat: der Augsburger am 6., der Habsburger am 22. März. Was sie zusammenführte, war jedoch nicht derselbe Stern, sondern dasselbe Interesse: Sie brauchten einander, Maximilian den Kredit Jakobs zum Ausbau und zur Absicherung seines Reiches, Fugger den Österreicher zur Schaffung und Erhaltung seines Handelsimperiums.

Bei Antritt seiner Herrschaft hatte Maximilian erklärt: »*Ich will nicht werden ein König des Geldes, sondern ich will werden ein König des Volkes und all der, die Geld haben, und ein jeder König bestreitet und bekriegt mit dem Volk und nicht mit dem Geld seiner Feinde.*« Maximilian führte dann viele Kriege, weniger mit dem Volk als mit Rittern und Landsknechten, und er brauchte dafür viel Geld, immer mehr Geld.

Die Fugger standen als Geldleiher für Zins und Zinseszinsen zur Verfügung, verlangten und erhielten als Gegenleistung Bergwerksrechte, Handelsvorteile, Ländereien, gesellschaftliche Privilegien und politischen Einfluss. Von Anfang an hatten sie auf den »letzten Ritter« gesetzt, der zugleich ein »erster Bürger« war, ihm goldene Brücken für seine Heiratspolitik, für seine Hausmachtpolitik gebaut, ihm zum Erwerb Tirols verholfen, bereits seine ersten Kriege – vor allem gegen Frankreich – mitfinanziert. Und ihm – der seit 1486 als römisch-deutscher König Mitregent Kaiser Friedrichs III. war und seit 1493, dem Todesjahr des Vaters, allein in Österreich und im Reich bestimmte – seine aufwändige Hofhaltung mitbezahlt.

Von seiner Mutter, Eleonore von Portugal, hatte Maximilian den Hang zu Pracht und Luxus geerbt. In den Niederlanden genoss er den »Herbst des Mittelalters«. In Italien wurde er zum Renaissancemenschen. In Deutschland blieb er der alten Kirche und dem mittelalterlichen Rittertum verpflichtet. Das Engagement im Reich verlangte Weitsicht und Weltläufigkeit, die österreichische Raison gebot Beschränkung auf die Hausmachtpolitik. Er blickte gleichzeitig nach vorwärts und rückwärts, stand zwischen den Zeiten wie den Räumen, erschien zwiespältig und zwielichtig – faszinierend in vielen Facetten.

Der Habsburger Maximilian I., ein Mensch und Herrscher zwischen Mittelalter und Neuzeit, der Augsburger Jakob Fugger, ein Mensch und Kaufmann zwischen Gotik und Renaissance – der Monarch und der

Handelsherr hatten viel Gemeinsames. Beide hatten – in modernem Sinne – keine Bedenken, wenn eine Hand die andere wusch. Und beide hatten dennoch – in altem Sinne – ihre Gewissensbisse, wenn an diesen Händen etwas hängen blieb, Gewinne an Macht, Gewinne an Geld.

»*Die Natur der Beziehungen zwischen dem Herrscher und der schwäbischen Wirtschaft*« – resümiert der beste Kenner dieser Liaison, Götz von Pölnitz – »*war häufig Gegenstand kritischer Betrachtung. Hierbei wurden die städtische Anhänglichkeit wie das väterliche Wohlwollen des Fürsten überbewertet. Andererseits kam es bei Beurteilung der vom Gewinnstreben diktierten Unternehmervernunft des Kaufmanns leicht zu Fehleinschätzungen. Man entlarvte ihn vorschnell als zynischen Erpresser.*« Die geschichtliche Wahrheit befinde sich zwischen beiden Polen: »*Dass Fugger aus Geschäft Gewinn zu ziehen wünschte, lässt sich begreifen. Es lag in der Natur der Dinge wie seiner Persönlichkeit.*«

Jakob Fugger – war dieser deutsche Repräsentant des Frühkapitalismus so geschäftsbesessen und so gewinngierig, so machiavellistisch wie manche Figur der italienischen Renaissance? Vor Auswüchsen in diese Richtung bewahrten ihn sein schwäbisches Naturell, die reichsstädtische Solidität und nicht zuletzt seine religiöse Bindung.

In den deutschen Städten habe der Zusammenklang von Macht, Kunst, Genuss und Lebensrausch gefehlt, der in Italien so laut und oft auch schrill ertönte, stellte der Historiker Willy Andreas fest, der »Deutschland vor der Reformation« gründlich erforschte und ausgewogen beurteilte. »*Dem ganz großen Staatsmann, der Kühnheit und Vorsicht zu verbinden weiß, gleicht der Führer deutscher Wirtschaftsrenaissance darin, dass er bei all seinen Unternehmungen Maß hielt, der Versuchung, sich ins geschäftliche Abenteuer einzulassen, ist er nie erlegen.*«

Das unterschied Jakob Fugger von Maximilian I., vom Herrscher, der gern das Abenteuer suchte und nicht immer das rechte Maß zu halten wusste – und deshalb zwar eine faszinierende Persönlichkeit, aber kein großer Staatsmann war. Der Augsburger aber war ein großer Kaufherr, weil er große Geschäfte mit Schwung wie Augenmaß führte. So kam es, dass aus der Verbindung von König und Geldkönig der letztere den reicheren Gewinn zog.

Der Weg zur Spitze

Jakob Fugger und Maximilian I. sind sich wohl 1489 zum ersten Mal begegnet, auf dem Frankfurter Reichstag, der mit der Frankfurter Messe zusammenfiel. Kurz darauf verhalf der Augsburger dem Habsburger zum Land Tirol, verschaffte der neue Landesherr dem Kaufherrn Zugang zu den Bergwerken. Diese schienen unerschöpflich zu sein. Nicht minder unerschöpflich jedoch war der Geldbedarf des in halb Europa engagierten Habsburgers.

Die Summen, die Maximilian brauchte, musste Fugger flüssig haben. Wo nahm er das viele Geld her? Im Augsburger Steuerbuch von 1494 war das Vermögen der Gebrüder noch eher bescheiden ausgewiesen: Ulrich 21 666 Gulden, Georg 17 177 Gulden, Jakob – der die beiden älteren bald überflügeln sollte – 15 552 Gulden. Selbst wenn man bedenkt, dass es damals mehr Möglichkeiten gab, sein wahres Vermögen vor dem Steueramt zu verschleiern, fällt das Missverhältnis zwischen Eigenkapital und Kreditgewährung auf: Zwischen 1487 und 1494 gab Fugger über 620 000 Gulden. Wo kam diese Summe her?

Hinweise gibt der erste Gesellschaftsvertrag, den die drei Brüder im Jahre 1494 schlossen. Der jüngste, Jakob, erlangte formell Gleichberechtigung, tat einen wichtigen Schritt auf dem Weg zur Spitze. Jeder der Brüder verpflichtete sich, Hauptgut und Gewinn für die Dauer von sechs Jahren in der Gesellschaft zu belassen; Entnahmen zum eigenen Bedarf sollten ein Viertel der Geschäftseinlage nicht überschreiten. Wichtiger war eine weitere Bestimmung. Während fremde Teilhaber ausgezahlt, die Brüder Alleininhaber des »Gemeinen Fuggerschen

Wolfgang Kilian, Ulrich Fugger (1441-1510)

Giovanni Bellini,
Georg Fugger, 1474

Handels« wurden, sollte Fremdkapital aufgenommen werden – verzinsliche Einlagen.

So wurde das Kapital der Firma aufgestockt, in beträchtlichem Umfange durch das Vermögen, das Melchior von Meckau, der Fürstbischof von Brixen, bei Fugger anlegte – in aller Heimlichkeit, so dass man heute noch nicht alle Einzelheiten des Geschäftes kennt. Fest steht, dass der Bischof das Geld dem Zugriff von König und Landesherr, Papst und Domkapitel entzogen hatte. Und weil das geheim bleiben musste, hatte Fugger eine sichere Einlage, Kapital plus Zinsen. Übrigens waren solche »stillen Einlagen« auch bei den Medici üblich. Das Haus Fugger wurde eine Großbank, schließlich die erste Kapitalmacht des Reiches. Weniger der sorglose Maximilian als seine rechnenden und berechnenden Räte merkten allmählich, dass jeder Gulden, den man nahm, nehmen musste, den Nehmer in größere Abhängigkeit vom Geber brachte. Und dass man sich, wenn das so weiterging, einem Zustand nähern musste, wo zwar Maximilian herrschte, doch Fugger regierte, zumindest bestimmte, wie regiert werden sollte.

Es gehörte zu den bedeutendsten Leistungen Jakob Fuggers, dass er Gegenaktionen der kaiserlichen Räte abzuwenden und Befürchtungen Maximilians zu zerstreuen verstand. Und sein goldenes Netz immer weiter und immer enger knüpfte, weltliche und zunehmend auch geistliche Machthaber darin verstrickte.

Im Jahre 1498 versuchte Maximilian einen Gegenzug, erzwang ein Kupfersyndikat. Fugger wehrte sich dagegen, weil er dies für einen obrigkeitlichen Eingriff in die Unternehmerwirtschaft hielt und weil Konkurrenten daran beteiligt waren. Bereits ein Jahr später hatte er das Kupfersyndikat gesprengt.

Der Unmut Maximilians wurde durch neue Anleihen besänftigt, die wiederum den Fuggern neue Rechte und vermehrte Gewinne eintrugen. Schon griffen sie nach Übersee: Zu Beginn des neuen Jahrhunderts beteiligten sie sich an der Ostindienfahrt zur Intensivierung des Gewürzhandels. Doch sie verhielten sich vorsichtig, ließen dem anderen großen Augsburger Handelshaus, den Welsern, den Vortritt, blieben vorerst in Venedig, dem indessen Lissabon den Rang abzulaufen begann. Aber sie hatten die Finger in den Geschäften auf neuen Routen, verhinderten ein Monopol der Konkurrenz im Kolonialwarenhandel und hielten sich alle Möglichkeiten offen.

Die Schachzüge wurden von Jakob Fugger geführt, der sich inzwischen an die Spitze der Familienfirma gescho-

Albrecht Dürer, Jakob Fugger der Reiche (1459-1525)

Thoman Burgkmair, Hochzeitsbildnis des Jakob Fugger und der Sibylla Artzt, 1498

Ostindienfahrt des Balthasar Sprenger im Auftrag der Fugger, Welser und Höchstetter und anderer Kaufherren 1505/06.

ben hatte. Zwischen den Zügen fand er Zeit zum Heiraten. 1498 vermählte er sich mit Sybilla Arzt aus angesehenem und vermögendem Augsburger Geschlecht. Mit vierzig war das für ihn nicht zu früh. Die Zahlen blieben ihm das Wichtigste. Es wurde keine gute Ehe. Sie blieb kinderlos.

»*Am neunten Tag Januarii im 1498. Jahr in der Gestalt kamen wir zusammen*«, steht unter dem Hochzeitsbild, das Thoman Burgkmair malte. Es zeigt den Bräutigam in pelzverbrämtem Wams mit goldener Haube – und mit einem von Geschäftssorgen gezeichneten, frühzeitig gealterten Gesicht. Die Braut daneben, in Schmuck und Spitzen, ist jung und schön, doch kühl und distanziert.

Wenn sie ihn aus Berechnung geheiratet hatte, konnte sie zufrieden sein: mit dem florierenden Geschäft, dem wachsenden Ansehen, dem steigenden Einfluss in der Heimatstadt und draußen im Reich. Schon häufte Fugger Schätze im eigentlichen Sinne des Wortes an: Pretiosen. Er erwarb Juwelen Karls des Kühnen, zahlte den Schweizern, die sie ihm abgenommen hatten, über 40 000 Gulden. Eines der Prachtstücke hieß »*Die drei Brüder*« – Diamanten und Rubine. Die »*Weiße Rose*« war aus feinsten Goldplättchen. Das »*Federlein*« war ein mit Juwelen besetzter Goldköcher für Zierfedern.

Maximilian hatte durch Heirat das territoriale Erbe des Burgunders angetreten, Jakob Fugger wollte mit dem Erwerb der burgundischen Juwelen demonstrieren, dass er es den Habsburgern in seinem Bereich gleichtun konnte – durch eigene Kraft und eigenes Vermögen, durch eigenes Verdienst.

Epitaph des Peter Fugger, 1450-1473, Nürnberg, Sebalduskirche; ältestes erhaltenes Fuggersches Grabmal

Die Juwelen versenkte Jakob Fugger, der den Neid fürchtete, in der Schatztruhe. Das neue Fuggerhaus am Rindermarkt in Augsburg war nicht zu übersehen: stolze Giebel, Laubengänge, spätgotische Portale, Lilienwappen, ein Erker mit Kupferdach. Doch auch hier war das Prächtigste, die »Goldene Schreibstube«, das in seinem Glanz der darin ausgeübten Macht ebenbürtige Zentrum der Firma, den Blicken der Öffentlichkeit entzogen. Die Hausraison verlangte das und das typisch augsburgische »Mehr sein und mehr haben als scheinen und herzeigen«.

Das Goldene Augsburg

»*Augsburg ist eine Stadt*«, bemerkte im 19. Jahrhundert der Kulturhistoriker Wilhelm Heinrich Riehl, »*die von außen keine Ansicht bietet; man kann sie nur von innen oder aus der Vogelperspektive landschaftlich erfassen ... Dieser Zug der verdeckten Bedeutung, die mehr ist, als scheint, geht durch das ganze Wesen Augsburgs.*«
Das Schwäbische und das Mittelalterliche waren noch da, doch schon präsentierte sich die neue Zeit, vor und hinter den bürgerlichen Fassaden. An der Wende vom 15. zum 16. Jahrhundert war Augsburg eine Stadt zwischen Gotik und Renaissance, was ihren geheimen wie offenen Reiz ausmachte.
Dieser Doppelcharakter der Stadt, über welcher der Doppeladler des Reiches stand, kam vielfach zum Ausdruck: im Neubau des »Reichsgotteshauses« von

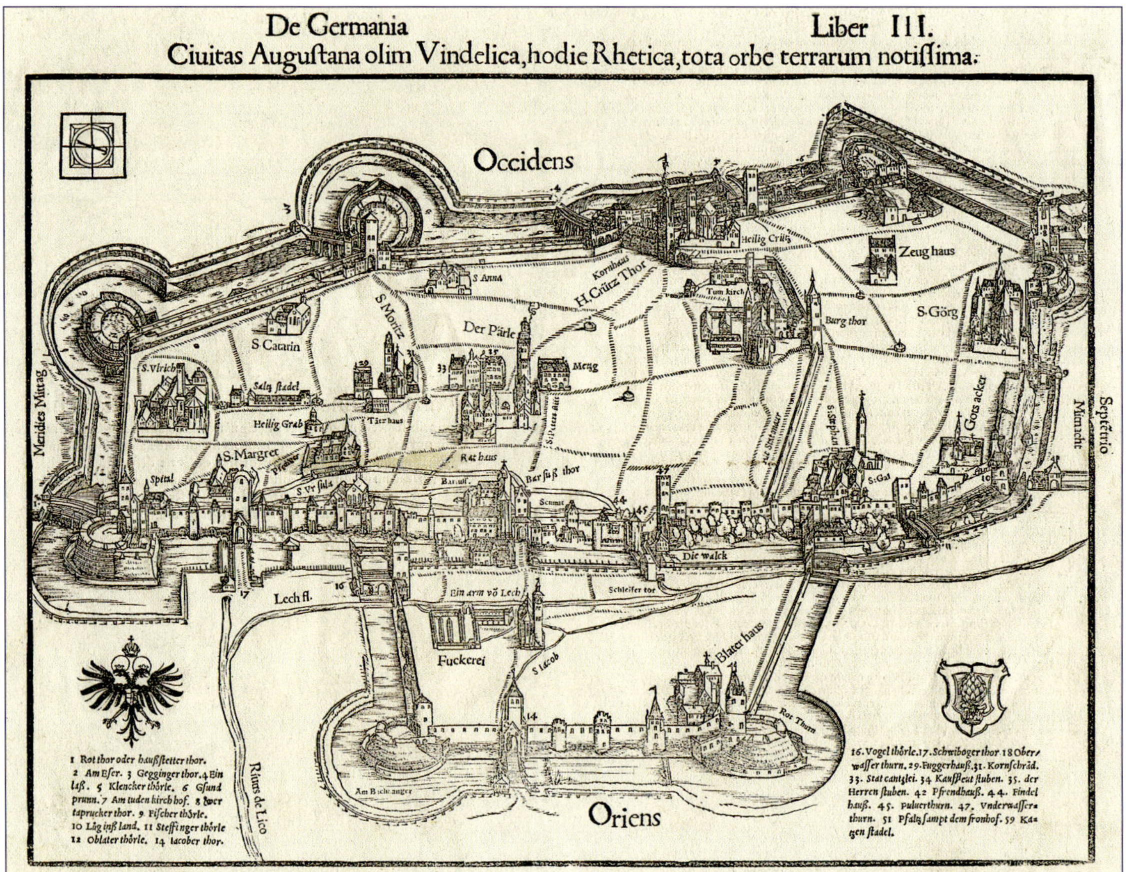

Sebastian Münster, Augsburg um 1550, Holzschnitt aus der Cosmographia

St. Ulrich und Afra, dem Burkhard Engelberg zwar spätgotische Formen, doch in moderner Großzügigkeit und Weite verlieh. Auf den Bildern von Hans Holbein dem Älteren, von denen der Kunsthistoriker Wolfgang Braunfels sagte, »*er entwickelte seinen Stil von der Spätgotik zur Renaissance und hat dabei eher eine Steigerung in der Vollkommenheit seiner Kompositionen und seiner Farbkultur erreicht als eine Minderung*«. Das Grabmalbildnis im Domkreuzgang zeigt den Humanisten Dr. Adolf Occo, wie er ein Buch studiert, ohne den Rosenkranz aus der Hand zu legen.

Was für Jakob Fugger im Besonderen galt, war für Augsburg im Allgemeinen kennzeichnend: Öffnung zum Neuen, ohne die Tür zum Alten zu verschließen. Die geographische Nähe zu Italien, die Hinwendung zum Mediterranen seit der Römerzeit, eine Weltoffenheit, die der Fernhandel verlangte wie förderte, ein Wohlstand, der aus Kaufleuten Kunstmäzene machte – ein Zusammentreffen mehrerer günstiger Faktoren machte die Freie Reichsstadt zum Goldenen Augsburg.

Sein goldener Boden waren Gewerbe und Handel, der Fleiß der Handwerker und der Wagemut der Kaufleute, der Welser, Höchstetter, Baumgartner, Herwart, Gossembrot, Neidhart, Adler, Rehm, Rehlinger – und der Fugger, die alle überflügelten, in erster Linie mithalfen, Augsburg auf den Gipfel seines Reichtums, seiner Macht und seines Glanzes zu führen.

Um das Jahr 1500 – Augsburg hatte etwa 20 000 Einwohner – zählte man 2 500 Weber gegenüber 700 im Jahre 1466. Das Gesamtsteuervermögen der Bürgerschaft war von 1470 bis 1500 auf das Vierfache gestiegen. Im Jahre 1509 gab es 4 990 Steuerzahler, darunter drei mit einem veranlagten Vermögen zwischen 300 000 und 600 000 Gulden und 36 mit einem Vermögen zwischen 100 000 und 200 000 Gulden.

Wo viel Geld ist, wird auch viel ausgegeben. Selbst die Augsburger Schwaben, die jeden Pfennig dreimal herumdrehten, wollten keine Ausnahme von der Regel sein. Bereits im Jahre 1473 zählte man 120 Bier- und Weinschenken. Die Chroniken berichten von einer nicht abreißenden Folge von Festen: Umzüge, Prozessionen, Schauspiele, Tänze, Turniere. Ein Schützenfest im Jahre 1509 verschlang 9 000 Gulden vom Stadthaushalt, der 53 000 Gulden betrug.

Die Bürger aßen gerne gut, und das hieß für sie, viel und stark gewürzt. Gewürze waren teuer, galten als Wohlstandsbeweis, dienten dem Gesellschaftsprestige. Wein kam aus Tirol und aus Italien. Die Kleidung war aufwändig: Pelze, Samt, Damast, und Männer wie Frauen behängten sich mit Schmuck.

»*Wie diese Stadt in kurzen Jahren hat zugenommen, in Reichtum prächtigen Lebens, weiß männiglich wohl, der Augsburg gesehen. Denn ihresgleichen wird zu unseren Zeiten in Deutschland nicht gefunden, etlicher besonderer Personen halber, die an sich gezogen haben die höchsten Kaufmannshändel, die in Europa betrieben werden.*« Ein Zeitgenosse war hingerissen. »*Es ist durch sie die Stadt dermaßen mit herrlichen Palästen und Häusern ge-*

Fugger-Wappenschild am Köpf-Haus, Augsburg

zieret worden, dass einer, der vorher nicht da gewesen, glauben kann, er ginge in ein Paradies.« Das Lob eines Nichtaugsburgers: *»Die Bürger bei ihrem prächtigen Wesen sind nicht unfreundlich gegen den Fremden und besonders gegen den Gelehrten, wie sie auch gelehrte Männer im Rat und in den Ämtern haben.«*

Der Humanismus hatte von Süden her die alte Römerstadt erreicht. Schon gab es bedeutende Humanisten, zunächst unter den geistlichen Herren, zum Beispiel den Benediktiner Veit Bild oder den Dominikaner Johannes Faber, die Domherren Bernhard und Konrad Adelmann von Adelmannsfelden. Bischof Christoph von Stadion stand dem großen Humanisten Erasmus von Rotterdam nahe.

Der berühmteste Augsburger Humanist war Konrad Peutinger, ein »Mann von Bildung und Gewicht«, wie Erasmus von Rotterdam lobte. Der Augsburger hatte in Italien studiert, in seiner Heimatstadt die *»Sodalitas literaria Augustana«* gegründet, eine gelehrte Gesellschaft, die sich um die Erforschung und Erhellung der Vergangenheit bemühte, der römischen wie der mittelalterlichen, wie sie in Augsburg präsent geblieben war.

Peutinger baute sich in der Nähe des romanisch-gotischen Doms, im Bereich der ehemaligen Römerstadt, ein Haus. Es war kein Patrizierpalais, eher ein Gelehrtendomizil, mit einer Bibliothek von alten Handschriften und neuen Drucken, mit einer Münzsammlung und römischen Inschriften in der Eingangshalle. Das Epitaph eines antiken Ehepaares ließ er unter seinem ehelichen Schlafzimmer anbringen.

Gewicht hatte der gebildete Peutinger als Stadtschreiber, was bedeutete, dass er nicht nur über Stadtgeschichte schrieb, sondern auch die Stadtgeschicke mit vorschrieb. Und er war kaiserlicher Rat, der Maximilian I. in politischen wie literarischen Angelegenheiten beriet, zum Wohle des Reiches, zum Nutzen der Reichsstadt.

Ein Kaiser als Bürgermeister

Maximilian I. kam oft und gerne in das Goldene Augsburg. Im Jahre 1500 verweilte er 182 Tage in seinen Mauern. Schon wurde er »Bürgermeister von Augsburg« genannt, spöttisch von Fürsten, denen die Vorliebe des Österreichers für das Städtewesen missfiel, anerkennend von Bürgern, die darin ein Zeichen der Modernität erblickten.

Der Monarch schätzte die Städte, die Reichsstädte zumal, aus mehreren Gründen. Hier bewegte er sich auf reichsunmittelbarem Boden, nicht im Bereich eines Fürsten, der auf seine Eigenständigkeit pochte und im König nur den Ersten unter Seinesgleichen sah. Hier konnte er im eigenen Machtbereich die Reichstage abhalten, die Reichsstände zusammentreten lassen

Augsburger Tanzbild, 1500

Kirchberg bei Ulm, Ansicht von Osten.

– die reichsunmittelbaren geistlichen und weltlichen Fürsten sowie, seit 1489, Vertreter der Reichsstädte.

In der Stadt, vornehmlich im Goldenen Augsburg, konnte Maximilian, der ein moderner Herrscher sein wollte, den Versuch unternehmen, das alte Reich zu reformieren. Und hier konnte der »letzte Ritter« leben, wie es ihm gefiel: mittelalterliche Turniere und Geschlechtertänze, Lustbarkeiten der Großen und Reichen.

Der Geschlechtertanz war eine gesellschaftliche Veranstaltung der Patrizier und Kaufherren. Nach altem Brauch waren die Gesichter der jungen Damen verschleiert. Das störte Maximilian, als er einem solchen Fest beiwohnte. Deshalb ließ er – wie ein Chronist vermeldete – »*seiner Demut gemäß, gütig und freundlich, obschon er doch in kraft seiner Kaiserlichen Majestät hätte gebieten können*«, die Damen höflich bitten, dass sie »*solche Schleier abtun sollten*«, was dann auch geschah.

Auf dem Augsburger Reichstag im Jahre 1500 wollte Maximilian alte Reichszöpfe abschneiden, das Imperium in verjüngter Gestalt das neue Jahrhundert betreten lassen, und in einer Kondition, die den modernen Anforderungen gerecht werden könnte. Die Reichsreform sah vor: Einteilung in sechs Reichskreise, Einführung eines ständischen Reichsregiments, einer Art Reichsregierung, Errichtung des Reichskammergerichts und Erhebung einer Reichssteuer. Das Reichskammergericht tagte in Augsburg. Dem ersten Ausschuss der Reichsstände gehörten zwei Städtevertreter an, ein Kölner und ein Augsburger.

In Augsburg nahm Maximilian die Zukunft des Reiches ins Visier. Noch war er erst deutscher König, noch nicht gekrönter und gesalbter römischer Kaiser. So rüstete er zum Romzug. Fugger musste wieder einspringen, mit 50 000 Gulden Darlehen. Bergwerke als Gegenleistung hatte er schon genug. Diesmal forderte und erhielt er Grundbesitz: im Jahre 1507 die Grafschaft Kirchberg und die Stadt Weißenhorn in Schwaben.

Fugger hatte erreicht, was er schon lange angestrebt hatte: Er war nun auch Feudalherr in mittelalterlichem Sinne – dank seines Vermögens als neuzeitlicher Kaufherr. Maximilian erreichte sein Ziel nicht, eine Kaiserkrönung in Rom, wie das seit Karl dem Großen und Otto dem Großen üblich gewesen war. Der Habsburger gelangte nicht in die Ewige Stadt, weil ihm Venedig den Durchzug verweigerte. So proklamierte sich Maximilian 1508 in Trient zum »Erwählten

Weißenhorn bei Ulm.

Römischen Kaiser«, zum Imperator aus eigener Macht und kraft fremden Geldes – des Kredits der Fugger.

Nun stand der Augsburger als Kaisermacher da. Darüber konnte er freilich nicht ungeteilte Genugtuung empfinden. Denn diese Ehre kostete ihm zu viel Geld, beanspruchte seine Mittel über Gebühr. Die Allianz zwischen dem Augsburger und dem Habsburger wurde für ersteren zunehmend problematisch. So führte Maximilian mit Fuggerschem Gelde Krieg gegen Venedig, mit dem der Kaufmann weiterhin Handel treiben wollte und musste. Doch das Glück verließ ihn nicht, dank seines Geschicks. Für die Vermittlung eines Friedens nach einem Krieg, den keine Seite gewinnen konnte, erhielt er vom Kaiser wie vom Dogen wirtschaftliche Vergünstigungen.

Auch eine andere Krise meisterte Fugger, dank Fortunas Eingreifen und eigenem Zutun. Im März 1509 verstarb in Rom der Fürstbischof und Kardinal Melchior von Meckau. Seine ständig gewachsene Einlage in der Fuggerbank bildete deren Kapitalbasis. Im Jahre 1509 betrug sie 152 931 Gulden, während das Handelsvermögen der Familienfirma mit 198 915 Gulden beziffert wurde.

Bank wie Kunde hatten aus begreiflichen Gründen über das Guthaben des Kardinals kein Sterbenswörtchen verlauten lassen. Nach dem Tode Melchior von Meckaus wurde die Sache ruchbar. Auch dem Augustinermönch Martin Luther kam sie in Rom zu Ohren – ein Grund mehr für ihn, mit dem Verhalten alter Kirchenfürsten das Gebaren neuer Kaufherren anzuprangern, genauso wie den Ablasshandel, mit dem das Bankhaus Fugger mehr und mehr zu tun hatte. Auch war von ihm die Anwerbung der Schweizergarde des Vatikans finanziert worden, wofür ihm die Kurie die päpstliche Münzprägung überließ.

Noch konnten sie eine Krise vermeiden, der Papst in Rom und seine Bank in Augsburg. Was sollte mit dem Kapital des verstorbenen Kardinals geschehen, der nach dem Buchstaben des Kirchenrechtes gar kein Kapitalvermögen besitzen durfte? Jakob Fugger fand eine Lösung. Im Gegenzug zu den Forderungen des Papstes, der die gesamte Kapitaleinlage des verstorbenen Kardinals für sich haben wollte, schob der Augsburger den Habsburger vor, brachte der Kaufmann den Kaiser dazu, sich für die Finanzinteressen seines Gläubigers einzusetzen. Fugger hatte ihm bedeutet, dass eine Herausgabe der Einlage des Kardinals das Bankhaus zum Einsturz bringen

Fuggersche Prägungen an der Päpstlichen Münze Rom, unter Leo X. und Julius II.

könnte, Maximilian keine neuen Darlehen mehr zu erwarten hätte.
Der Kaiser verstand, was man von ihm verlangte. Er erließ ein Verbot von Zahlungen aus der Erbschaftsmasse des Kardinals, bis der Fall geklärt sei. Und er wollte ihn so klären helfen, dass Fugger nicht fallierte und er davon profitierte. So kam es zu einem Kompromiss: Alle Beteiligten, die Römer und der Augsburger bekamen etwas ab, nicht zuletzt der lachende Dritte, der Habsburger. Doch der Hauptgewinner war wiederum Jakob Fugger. Der Fortbestand der Firma war gesichert, das Geschäft konnte weitergehen und größer werden.
So waren Fugger wie Maximilian guter Dinge, als sie sich auf dem Augsburger Reichstag von 1510 trafen. Es wurde ein Fest, wie es selbst diese goldene Stadt noch nicht gesehen hatte. Außer dem Kaiser und König waren 4 Kurfürsten, 37 Fürsten, Grafen und geistliche Würdenträger gekommen, auch der Gesandte des Königs von Frankreich. Es wurde gegen Venedig politisiert und paktiert – und getafelt und gebechert, gespielt und getanzt, und weil gerade Fasching war, gab es auch Mummenschanz.
Die Reichsstadt hatte Grund zum Feiern. Das war nun schon der zweite Reichstag, den Maximilian I. in ihren Mauern abhielt. Das Jahr zuvor hatte er die Basler Reichsmünze nach Augsburg verlegt. Der Rat zeigte sich erkenntlich: Er baute für den kaiserlichen »Bürgermeister von Augsburg«, der gerne in der Umgebung jagte und oft erst zurückkam, wenn die Stadttore bereits geschlossen waren, ein eigenes kleines Tor, den »Alten Einlass«, in der Nähe des Hauses Maximilians bei der Heilig-Kreuz-Kirche.
Er frönte der Jagd und er liebte Ritterspiele. Im Hause Fugger legte

G. Guerra, Petersdom und Obelisk, 1587

der »letzte Ritter« die Rüstung zum Turnier mit Kurfürst Friedrich dem Weisen von Sachsen an. Noch einmal präsentierte sich das Mittelalter in einer Zeit, in der Söldnerheere miteinander kämpften und mit Büchsen und Kartaunen schossen.

Das Alte wurde bereits von Nostalgie verklärt, während sich das Neue Bahn brach. Auch im Hause Fugger. Während des Augsburger Reichstages von 1510 starb Ulrich Fugger, der älteste der Söhne Jakobs des Alten, der Seniorchef. Georg, der Einfluss in der Firma gehabt hatte, war bereits 1506 gestorben. Der Jüngste, Jakob, schon längst die Seele des Unternehmens, übernahm die alleinige Leitung, die volle Herrschaft.

Ein Jahr später, am 8. Mai 1511, wurde Jakob Fugger in den Adelsstand des Heiligen Römischen Reiches Deutscher Nation erhoben. Das war ungewöhnlich. Verdiente Kaufleute hatten bisher Wappen verliehen bekommen. Nun wurde ein Kaufherr nobilitiert. Den Grund deutete die Urkunde kaum verhohlen an: Nicht nur bisher geleistete, sondern auch künftig dem Kaiserhaus zu leistende Dienste sollten honoriert werden.

Die Nobilitierung machte auf Jakob nicht den Eindruck, den Maximilian, der »letzte Ritter«, damit erzielen wollte. Der Augsburger war ein Großbürger, der stolz darauf war, dass er seine Stellung aus persönlicher Kraft und zum eigenen Nutzen erreicht hatte. Und der sich bewusst blieb, dass »der treffliche Handel mit Kaiser, Königen und anderen großen Herren«, so viel er auch einbrachte und so weit man es damit bringen konnte, »ohne Gefährlichkeit nicht sein könne«.

Das Fuggerhaus

Jakob Fugger stand nun an der Spitze einer Handelsdynastie, so wie Maximilian I. an der Spitze einer Herrscherdynastie stand. Es war an der Zeit, das sich Jakob Fugger der Reiche eine würdige Stadtresidenz und ein imposantes Geschäftszentrum schuf.

Das Haus am Rindermarkt war zu eng geworden, überdies mit der Erinnerung an die beiden Brüder Ulrich und Georg, die hier gewirkt hatten, aufs engste verknüpft. Jakob wollte sein eigenes Haus haben. Er erwarb einen Häuserkomplex am Augsburger Weinmarkt, im Zentrum der Reichsstadt, an der alten Römerstraße und neuen Haupthandelsstraße.

Nach außen, zur Straße hin, fügten sich die Fuggerhäuser in die Häuserzeile, in die bürgerliche Ordnung ein, die für jeden, auch für den Vermögendsten und Vornehmsten galt. Im Innern jedoch konnte das Außerordentliche demonstriert werden: Höfe, Arkaden, Hans Burgkmairs Fresken, noch Gotik, schon Renaissance, ein Hauch Italien, verhaltene Weltläufigkeit, gedämpfte Großspurigkeit – auch der reichste und mächtigste Fugger blieb augsburgerisch und schwäbisch.

Fuggerhaus am Weinmarkt, Damenhof

Jakob Fugger und sein Hauptbuchhalter Matthäus Schwarz (aus der Kostümbiographie des Matthäus Schwarz, 1517)

Dieses Fuggerhaus wurde das Schloss einer Handelsdynastie und die Zentrale einer Firma, deren Geschäftsverbindungen ganz Europa umspannten, das Hauptkontor Jakob Fuggers des Reichen, des Bankiers von Kaisern und Päpsten, des Silberkönigs und Kupfermonopolisten – des ersten unter den modernen Großkaufleuten, Montanindustrieller schon, ein Prototyp des Frühkapitalismus, der von hier aus sein merkantiles Imperium wie ein Monarch regierte.

Es war seine Schöpfung, auf seine Person zugeschnitten, in der Hand einer Persönlichkeit. Teilhaber fielen nicht ins Gewicht, Familienmitglieder hatten immer weniger zu sagen. *»Wenn er sich selber«*, resümierte der Historiker Willy Andreas – *»als ›Hauptherren‹ bezeichnete, so war damit der Nagel auf den Kopf getroffen. Der Familienverband war zu einer reinen Monarchie geworden: der Weitblickendste und Tüchtigste hatte die Führung, ein Unternehmer und Wirtschaftsführer ganz großen Stils, ein Willensmensch mit stählernen Nerven, aus dessen Munde seine Neffen manchmal hörten, dass er keine schlaflosen Nächte habe, sondern mit der Arbeit alle Sorgen und Anfechtungen von sich lege.«*

Doch oft kam er vor lauter Arbeit kaum zum Schlafen. Wie ein absoluter Monarch in seinem staatlichen, so wollte er in seinem merkantilen Bereich nicht nur herrschen, sondern auch regieren, möglichst alles selber erledigen, jedenfalls allein entscheiden. Helfer hatte er und brauchte er, schon in der Zentrale.

Eine Art Prokurist war der Hauptbuchhalter Matthäus Schwarz. Der Sohn eines Augsburger Weinhändlers hatte eigentlich Künstler werden wollen, musste nun sein Leben im Kontor mit Zahlen und Akten verbringen. Er kompensierte dies dadurch, dass er mit einer Kutsche ins Geschäft fuhr, sich eine Kostümbiographie malen ließ, die ihn hundertmal in hundertmal neuem Gewande zeigte – eine Demonstration, dass er es zu etwas gebracht hatte und nicht nur Geld, sondern auch Geschmack besaß.

Matthäus Schwarz, der verhinderte Künstler, wurde ein Artist der Buchhaltung. In Augsburg entwickelte er das in Italien Gelernte weiter, verfasste ein kaufmännisches Lehrbuch, das aber auf Geheiß seines Chefs unter Verschluss blieb, weil ihm das Geschäftsbuch der Fugger-Vertretung in Venedig als Vorlage gedient hatte, Jakob sich nicht in die Bücher schauen lassen wollte und überhaupt der Meinung war, dass man die Methoden der Buchhaltung, die – wie es hieß – »reich machende« Kunst am besten für sich behielt. Jakob Fugger – so sein Biograph Götz von Pölnitz – »*blieb darauf bedacht, die Diskretion aller Rechnungen, die er ... eigenhändig überprüfte, intern streng zu wahren. Vor allen Dingen durfte nach außen keine Nachricht über jene Goldfäden, die da- und dorthin gesponnen wurden, dringen. Trotzdem bestanden noch gesonderte Bücher – darunter das ›Hofbuch der Krone‹ –, die sich mit den Angelegenheiten der vornehmsten Kunden, Kreditoren wie Debitoren, befassten und stillschweigend und mit einleuchtendem Grunde vom Chef geführt wurden, ähnlich wie die Schuldscheine des Kardinals Meckau beinahe ausnahmslos aus Jakobs Feder stammten. Es wäre zu gefährlich gewesen, fremden Teilhabern oder kaufmännischen Angestellten, auch wenn sie das uneingeschränkte Vertrauen der Firma genossen, Zutritt und Einblick in letzte Hintergründe zu gewähren*«.

Das Sichtbare und Schätzbare am Fuggerschen Geschäft war noch brisant genug, weil Neid erweckend bei denen, die weniger oder nichts besaßen, Ärgernis erregend bei Konkurrenten, die nicht mithalten konnten. Und weil es die lästige Aufmerksamkeit der Steuerbehörde auf sich zog sowie ständig neue Kreditforderungen des Kaisers herausforderte – Maximilians I., der nie genug bekommen konnte und immer weniger dafür zu bieten hatte an für Fugger interessanten Vorteilen und Begünstigungen.

Damals ahnte man es, heute weiß man es, wie gut dabei Fugger unter dem Strich abschnitt: 1510, bei Übernahme der Alleinleitung der Firma, betrug der Anteil Jakobs am Gesellschaftsvermögen 80 999 Gulden – 1525, in seinem Todesjahr, betrug es 667 790 Gulden. In seinen letzten Lebensjahren machte er nach neueren Berechnungen durchschnittlich 15,7 Prozent jährlichen Gewinn.

Ein europäisches Handelsnetz

Jakob Fugger der Reiche. Er verdankte diesen Gipfelsturm seiner Tüchtigkeit, Zähigkeit und Ausdauer, seinem rationalen Geschäftsgebaren und seiner rationellen Geschäftsführung. Und gewissen Methoden, wie sie Machiavelli den Fürsten empfohlen hatte und wie sie auch der Handelsfürst für ratsam hielt.

Die Zeitverhältnisse hatten seinen Aufstieg begünstigt: der neue, das Individuum und den Individualismus betonende und fördernde Geist; die Entdeckungen und Erfindungen, die neue Möglichkeiten und neue Märkte schufen; die Anfänge des modernen Staates, der immer mehr Geld brauchte und entsprechende Gegenleistungen dafür geben konnte.

Doch auch die Zweischneidigkeit des Neuen machte sich bemerkbar. Die Erschließung des Seeweges nach Ostindien durch die Portugiesen verringerte die Bedeutung der mittelmeerischen Handelsrouten und damit auch der oberdeutschen Transitwege. Die Entdeckung der neuen Welt in Afrika, Asien und in Amerika kam zunächst den Entdeckern zugute, zuerst Portugal, dann Spanien und den Niederlanden. Hier herrschten die Habsburger, was den mit ihnen verbundenen Fuggern zugute kam und Nachteile der verkehrsmäßigen Umorientierung fürs Erste wettmachte.

»*In diesem habsburgischen Wirtschaftsraum*«, erklärt der Wirtschaftshistoriker Hermann Kellenbenz, »*konnten sich die oberdeutschen Unternehmerkreise besser entfalten, während die Hansen nicht nur durch das Zusammenspiel zwischen Oberdeutschland und den Niederlanden beeinträchtig wurden, sondern auch unter einer gewissen Interessengemeinschaft zwischen den aufstrebenden nordischen Nationalstaaten und deren westeuropäischen Freunden zu leiden hatten.*«

Weniger geographisch als politisch wurden die oberdeutschen Unternehmer begünstigt, vor allem die Fugger. Sie wussten nicht nur die Habsburger als Compagnons zu gewinnen und zu behalten, mit dem damit verbundenen Gewinn aus Bank- wie Berggeschäft, Metall- und Fernhandel. Sie verstanden es auch, geographische Nachteile in Vorteile zu verwandeln, sich rechtzeitig und geschickt den neuen Handelsverhältnissen anzupassen. So verlagerten sie den Markt für Kolonialwaren von Venedig nach Lissabon und Antwerpen, erschlossen sich neue Märkte, beispielsweise in England, ohne alte Märkte, beispielsweise in Italien, aufzugeben.

Im Zenit der Fuggerschen Machtstellung war fast ganz Europa mit einem Netz von Niederlassungen und Vertretungen überzogen: Lissabon, Sevilla, Madrid, Saragossa. Paris und

Lyon. London. Helsingör und Malmö. Danzig, Riga, Reval und Narva. Thorn, Posen, Warschau, Krakau, Lemberg und Kiew. Breslau, Teschen, Leuschau und Neusohl. Wien, Ofen, Pest, Hermannstadt und Klausenburg. Marburg, Agram und Triest. Venedig, Padua, Mailand, Genua, Pisa, Florenz, Neapel und Rom. Und – im Zentrum – Bozen und Innsbruck, Schwaz, Hall und Rattenberg, Villach, Gastein und Salzburg, München, Nürnberg, Fulda, Hohenkirchen, Zwickau, Magdeburg, Berlin, Stettin, Hamburg und Lübeck, Straßburg, Frankfurt am Main, Mainz und Köln.

Es waren Faktoreien und Agenturen, feste Punkte auf dem Kontinent, mit dem Hauptsitz, der Hauptverwaltung und der Hauptbuchhaltung in Augsburg durch Verkehrsverbindungen verknüpft, durch Boten und Posten, einem für damalige Verhältnisse erstaunlichen Nachrichtendienst verbunden. Das hatte Jakob Fugger erkannt: Die Kommunikation ist ein Essential des Kommerzes, dessen Gott Merkur ist, der Götterbote. Der Merkurbrunnen wurde vor die Fuggerhäuser in Augsburg gestellt – am Ende des 16. Jahrhunderts, in dem sich das Kaufmannsgeschlecht auch in die Geschichte des Zeitungswesens eingeschrieben hatte.

Die so genannten »Fuggerzeitungen« waren freilich noch keine Zeitungen in heutigem Sinne. Sie waren nicht gedruckt, erschienen nicht periodisch, waren vor allem nicht für das Publikum bestimmt. Es handelte sich um spezielle Informationen zur persönlichen Unterrichtung der Firmenleitung. »Zeitung« bedeutete

Hans Maler,
Faktor Wolf Ronner,
Schwaz

ursprünglich »Nachricht«; das Wort ist die hochdeutsche Form für das niederdeutsche »Theiding«.

»Wissen ist Macht«, sagte man, und das galt nicht nur für die, welche politische Macht, sondern auch für jene, die wirtschaftliche Macht ausüben wollten. Fugger wollte und musste wissen, was in den Hafenstädten und Gewerbezentren, in den Kontoren der Geschäftspartner und der Geschäftskonkurrenten vor sich ging und nicht zuletzt an den Fürstenhöfen und in den Staatskanzleien. Das war eine Voraussetzung für seine kommerzielle Strategie und Taktik: Er brauchte richtige Informationen für erfolgreiche Operationen.

Deshalb setzte er Korrespondenten ein, die ihn über alle wirtschaftlichen und politischen Vorgänge zu unterrichten hatten. Zu diesen Berichterstattern zählten außer seinen Angestellten und bezahlten Agenten auch hochgestellte Persönlichkeiten, die in einer Zeit, in der das Mitteilungsbedürfnis in Schwang kam, nur zu gerne Briefe schrieben. Die Nachrichtenübermitt-

Dirck Jacobsz, Faktor Pompeius Occo

lung besorgten eigene Kuriere, die schnell und zuverlässig waren.
In Jakob Fuggers »*Augsburger Schreibstube liefen neben und mit der eigentlichen Handelskorrespondenz an jedem Posttag solche ›Newen Zeitungen‹ ein*«, bemerkte der Historiker Jakob Strieder. »*Der ausgezeichnete Nachrichtendienst, den er einrichtete, die Größe der Geschenke, die manchen verschwiegenen Mund öffneten, gewährten Jakob Fugger jene sichere Kenntnis der treibenden Faktoren der europäischen Politik seiner Zeit, die ihn Maßnahmen von erstaunlicher Voraussicht künftiger Machtverteilung treffen ließen.*« Ein Netz von Niederlassungen und Nachrichtendiensten war gewebt, ein gewaltiges Netz. In seiner Mitte, in Augsburg, saß der Firmenmonarch, von dem alles ausging und bei dem alles einging – als eine goldene Spinne im goldenen Netz, wie es Zeitgenossen und späteren Betrachtern erschien.
War Jakob Fugger der Reiche ein skrupelloser Cesare Borgia, ein ränkereicher Niccolo Machiavelli im Reiche des Kommerz? Das ist eine oft

gestellte Frage, die Götz von Pölnitz, der beste Kenner der Fuggergeschichte, differenzierend beantwortet: »*Das Unternehmerdenken des Spätmittelalters und der erwachenden Neuzeit, zu der die klassischen Fuggergenerationen zählen, bleibt untrennbar mit dem religiösen Lebensgefühl einer bürgerlichen Welt des ausklingenden Quattrocento verknüpft. Ähnlich wie die kleinen Leute, aber auch Ritter und Fürsten, ihr Dasein in die Doppelwelt von Diesseits und Jenseits stellten, zwischen denen Tod und Gericht die Grenze bildeten, ebenso besaß für die ersten bedeutsamen Geldmänner West- und Südeuropas eine aus christlicher Caritas erlebte religiöse Zusammengehörigkeit mit Armen und Notleidenden echte Wirklichkeit.*«

Denn: »*Es ist nicht der Kampf um die Macht allein, jenes schier dämonisch rastlose Wirkenwollen, ›dieweil er könne‹, das Jakob Fugger beherrscht. Nicht das mindeste vom italienischen Übermenschen der Renaissance, nichts von zynischem Jenseits-von-Gut-und-Böse umwittert die Gestalt eines Bürgers, der für sich und sein … Weib Indulgenzen erwirbt, der die erste deutsche Renaissancekirche baut, aber bis ins Mark gotisch fühlt, der vermeintlich über Leichen schreitet und dabei mit seiner ersten abendländischen Armensiedlung, der Augsburger ›Fuggerei‹, dem heidnisch fühlenden Literatentum seiner vornehmsten Kritiker ein säkulares Zeugnis christlicher Bruderliebe entgegenstellt.*«

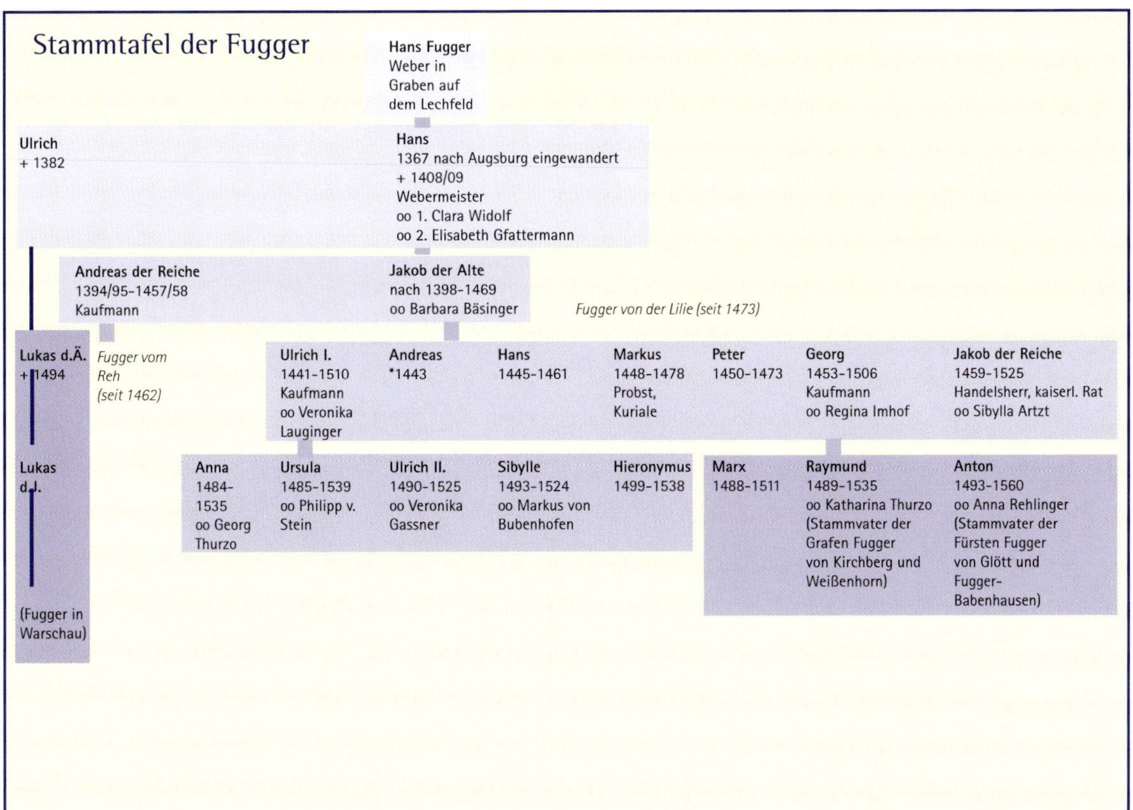

Fuggerei und Fuggerkapelle

Die Fuggersche Kleinhaussiedlung für Augsburger Arme sei »*ein Akt feinberechnender Wohltätigkeit*« gewesen, »*um die Nichtbegüterten mit der aufreizenden Tatsache eines so märchenhaften und ungleich verteilten Reichtums einigermaßen zu versöhnen*«, meinte der Historiker Willy Andreas.
Was die Fugger dachten, jedenfalls demonstrieren wollten, kommt in der Inschrift über dem Tor zur Fuggerei am Jakobsplatz zum Ausdruck: »*Die Brüder Ulrich, Georg und Jakob*

Die Fuggerei im Kilianplan, 1626

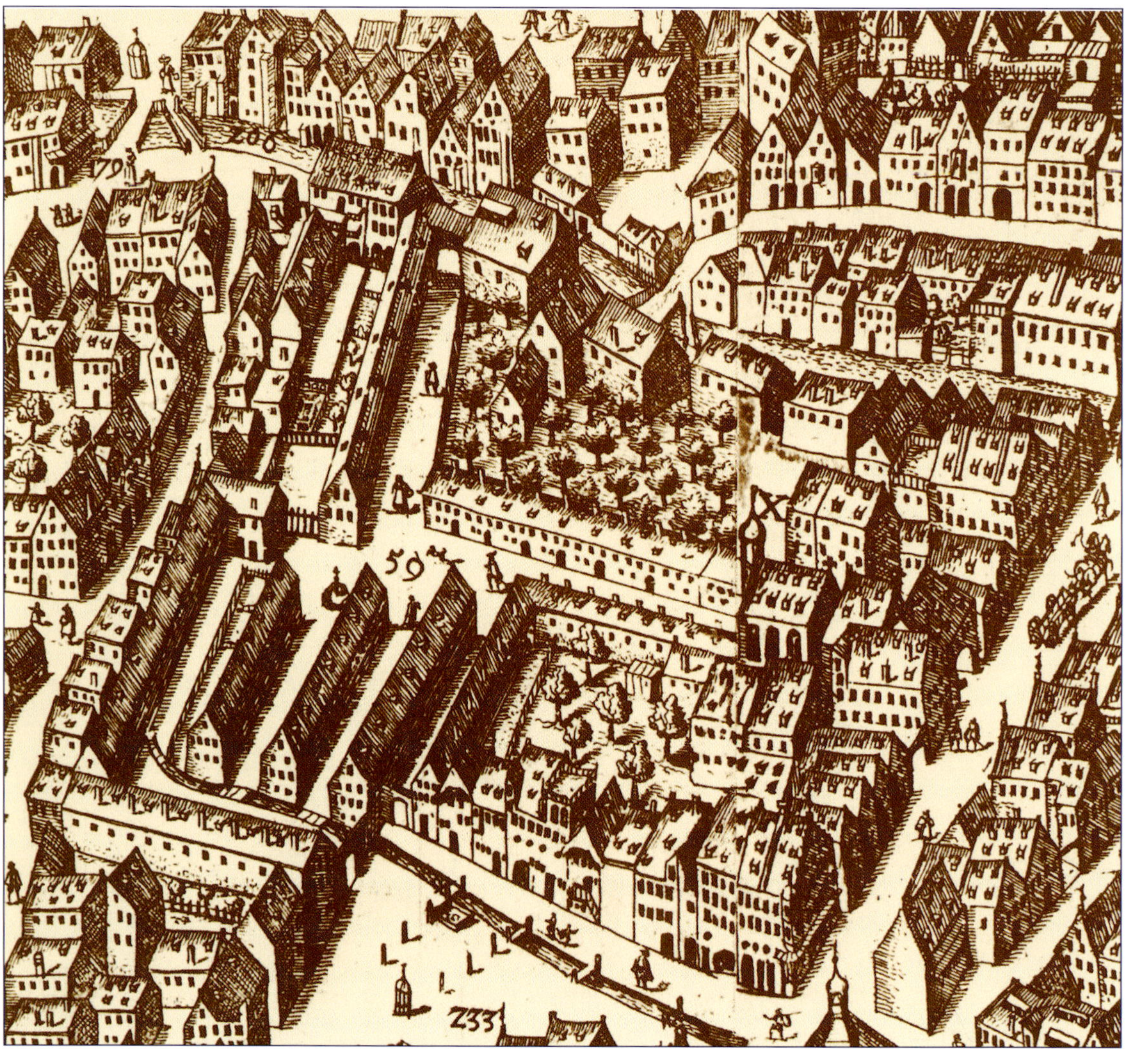

Fugger von Augsburg haben zum Heil ihrer Stadt und voll inniger Dankbarkeit für die vom Herrgott empfangenen Güter aus Andacht und hochherziger Freigiebigkeit zum Vorbild 106 Behausungen mit allem Zubehör ihren fleißigen, doch armen Mitbürgern gestiftet, gewidmet und geweiht.«

Die treibende Kraft war auch hier Jakob Fugger. Im Jahre 1511 legte er 15 000 Gulden für Stiftungszwecke fest, auf dem »Konto St. Ulrich«, benannt nach dem Stadtpatron. Im Jahre 1514 kaufte er in der Jakober vorstadt, einem Handwerkerviertel, Grundstücke am so genannten »Kappenzipfel«. Im Jahre 1516 schloss er einen Vertrag mit der Stadt: Er werde für bedürftige Bürger und Einwohner von Augsburg, schuldlos verarmte Handwerker und Taglöhner, die nicht betteln wollten, würdige, billige und bequeme Wohnungen schaffen. Im Jahre 1523 waren bereits 52 Häuser fertig – eine Stadt in der Stadt entstand, mit Mauern und Toren, Gassen und Plätzen und einer Kirche.

Ganz neu war die Idee nicht, eine Siedlung für Arme zu schaffen. In den Niederlanden gab es die Beginenhöfe, in Padua die Stiftung des Venezianers Marco Lando. Toskanische Kaufleute hatten so genannte »Herrgottskonten« eingerichtet, deren Kapitaleinlagen und Zinserträge, im Namen Gottes zurückgelegt, als Gottesbrot Armen zugute kommen sollten, religiösen und sozialen Zwecken zugeführt wurden. Die Fugger wurden von solchen Vorbildern angeregt, doch wie sie diese weiterentwickelten, was sie daraus machten, trug ihr eigenes, ein neues Gepräge. Die Fuggerei, aus dem »Konto St. Ulrich« finanziert, wurde kein Armenhaus, in dem Bedürftige kaserniert, in Gemeinschaftsräumen untergebracht wurden, wenn es hoch kam, ein kleines Einzelgelass zur Verfügung gestellt bekamen. Die Fuggerei war auch kein Altersheim, in dem Greise und Greisinnen ihre letzten Tage schlecht und recht verbringen sollten.

In Fuggers Sozialsiedlung wurden Familien aufgenommen, Familienväter, die in wirtschaftliche Schwierigkeiten geraten waren, samt Frauen und Kindern, deren daraus erwachsene Not gelindert werden sollte. Deshalb war die Fuggerei eine Stadt im Kleinen, mit Männern, die noch ihr Handwerk ausübten, versuchten, wieder auf ei-

Fuggerei, Blick auf die St.-Markus-Kirche. Die Sonnenuhr trägt das Fuggerwappen und das Motto »Nütze die Zeit«.

nen grünen Zweig zu kommen, mit Frauen, die Hausfrauen waren, und Kindern, die spielten. Freilich, es war und blieb eine armselige Gesellschaft. Immerhin hatten die in die Fuggerei Aufgenommenen das Glück, in eigenen vier Wänden wohnen zu dürfen, in kleinen, aber abgeschlossenen Wohnungen leben zu können. In jedem Häuschen gab es zwei, eine im Erdgeschoss und eine im ersten Stock, je eine Küche, eine Stube, ein Schlafzimmer und eine Kammer, rund 60 Quadratmeter. Das hatten nicht alle Bürger draußen zur Verfügung. Zur unteren Wohnung gehörte ein kleiner Garten mit einem Schuppen, zur oberen ein geräumiger Dachboden. Und jede hatte einen eigenen Eingang, eine eigene Haustüre, die man hinter sich zumachen konnte.

Jedes Häuschen trug eine gotische Zahl als Hausnummer. Die Ziffer war alt, doch zum ersten Mal waren in Augsburg Häuser in dieser Weise nummeriert worden. Die Fuggerei erinnerte mit ihren Mauern und ihren Toren, die nachts geschlossen waren, an eine mittelalterliche Stadt. Doch diese Stadt in der Stadt war nicht in Jahrhunderten gewachsen, sondern planmäßig angelegt und kurzfristig erstellt, ein Produkt rationaler Architektur, in konstruierter Symmetrie. Die Häuser mit den gotischen Nummern waren im Renaissancestil erbaut.

Jede Familie in eigener Wohnung – das zeugte von alter wie neuer Gesinnung, von der Stellung des Stifters zwischen den Zeiten. Daraus sprach zugleich der Respekt vor der althergebrachten Familienordnung wie die Reverenz vor dem modernen Individualismus. Die Achtung der Würde der Person kam auch dadurch zum Ausdruck, dass die Insassen nicht zu Almosenempfängern deklassiert wurden: Sie mussten Miete bezahlen, wenn auch nur einen rheinischen Gulden pro Jahr, einen Recognitionszins also, der ihnen das Gefühl gab, nicht als Armenhäusler eingestuft, sondern als Sozialmieter anerkannt zu sein.

Mittelalterlichen Charakter trug eine andere Gegenleistung, auf die der Stifter größten Wert legte, die in der Stiftungsurkunde vorgeschrieben war: »*Es soll jeder Mensch, jung oder alt, so er vermag, ein Pater Noster, Ave Maria und ein Credo alle Tag sprechen für die Fundatores, die Eltern, Brüder und andere Geschwister und Nachkommen.*«

Nur noch ein gotisch denkender und fühlender, nach oben strebender, auf Bewährung im Diesseits für eine Belohnung im Jenseits bedachter Mensch konnte eine solche Stiftung machen. Dass er jedoch bereits ein Renaissancemensch war, kommt in einer Formulierung des Stiftungsbriefes zum Ausdruck: Die Stiftung sei nicht nur »Gott zum Lob« gemacht worden, sondern auch »aus Dankbarkeit für das Glück, das Gott ihnen in ihrem Handel mit zeitlichen Gütern bisher erwiesen hat« – den Fuggern, die in dieser Welt schafften und scheffelten, ohne dabei zu vergessen, dass sie darüber einst dem göttlichen Richter Rechenschaft ablegen müssten.

Die Fuggerei – noch heute, nach der Bombardierung im Zweiten Weltkrieg wieder aufgebaut, steht sie da als ein Zeugnis der karitativen und altruistischen Gesinnung der Stifter. Und als

Fugger-Kapelle bei St. Anna: heutige Ansicht

ein Beweis tätiger Reue von Christen, die sich bewusst geblieben waren, wann sie gesündigt und gegen wen sie sich versündigt hatten.

Am Anfang der Fuggerschen Stiftungen standen eine Sozialsiedlung und ein Kirchenbau: die 1509 geplante und 1518 eingeweihte Fuggerkapelle in der Annakirche in Augsburg. Alles, was gut und teuer war, wurde bemüht, hervorragende Künstler wurden mit der Errichtung und Ausstattung beauftragt. Von Sebastian Loscher stammen die Architektur sowie die Büstengalerie am Chorgestühl, von Jörg Breu sind die Orgelflügel, von Hans Daucher ist die Altargruppe, eine Engelpietà zwischen Maria und Johannes, nach venezianischem Vorbild.

Wappen und Fuggersches Handelszeichen im Boden der Fugger-Kapelle; Epitaph für Jakob Fugger; St. Anna-Kirche Augsburg

Albrecht Dürer entwarf die Grabdenkmäler für Ulrich und Georg Fugger, welche die Verstorbenen nicht als Lebende, sondern als Verwesende vor Augen stellen, noch mittelalterlich empfunden. Das Grabdenkmal für Jakob Fugger – vielleicht von Hans Burgkmair geschaffen – zeigt römische Krieger unter einer Pantheons-Kuppel. »Die Künstler wussten, was der reichste Mann Europas, der Teile seiner Jugend in Venedig verbracht hatte, für seine Grabstätte forderte«, bemerkte der Kunsthistoriker Wolfgang Braunfels. »*Es sollte der erste Renaissanceraum im Reich werden, zart, fast zaghaft, wie eine Florentiner Kapelle der Frührenaissance und doch noch mit dem spätgotisch verschlungenen, nicht mehr tragenden Rippengewölbe ... Näher ist die Kunst der deutschen Renaissance Italien nie gekommen.*«

Künstlerische Motive wurden für Fugger wie Handelswaren importiert. Die Motivation für die Schaffung des Kunstwerkes erinnerte an die Medici, an Gepflogenheiten von Renaissancefürsten. Mäzenatentum gehörte zu ihrem Herrschertum, das durch Kunstschöpfungen im Stile der Zeit diese überdauern sollte.

Die Stiftung der Fuggerkapelle stand im Zusammenhang mit der Krise der Firma, die durch den Tod des Kardinals Melchior von Meckau und die Auseinandersetzung um dessen Kapitaleinlage in der Fuggerbank ausgelöst worden war. Der Augsburger wollte mit einem Kunstwerk von hohen Graden und augenfälliger Pracht auch und nicht zuletzt seine Kreditwürdigkeit demonstrieren.

Schaubildzeichnung der Fugger-Kapelle bei St. Anna

Aber nicht allein an Dinge dieser Welt dachte der Stifter. Er war und blieb ein religiöser Mensch, der durch den Bau eines Gotteshauses den göttlichen Richter gnädig stimmen wollte.
Die Sorge um das geschäftliche Weiterleben und ein würdiges Nachleben, um Vermögenszuwachs und Seelenheil – das war der Dualismus eines Menschen am Übergang vom Mittelalter zur Neuzeit.

Sebastian Loscher, Putten der Fugger-Kapelle, St. Anna

Krise im Hause Habsburg

Der Lebensweg Jakob Fuggers, der vorwärts ging, nicht ohne dabei zurückzustreben, glich der Echternacher Springprozession: zwei Schritte vorwärts, einen Schritt zurück. Der Augsburger wollte sich nicht von der alten Kirche lösen, und er blieb dem alten Reich verpflichtet, Kaiser Maximilian I. zugewandt, der neben ihm in der Prozession aus dem Mittelalter in die Neuzeit schritt – »durch so viele Gefahren«, wie der Wahlspruch des Habsburgers lautete, selbstverständlich lateinisch ausgedrückt: *»Per tot discrimina rerum«*.

Der Augsburger war dem Habsburger wesensverwandt, dem »letzten Ritter« und ersten modernen Fürsten auf dem römisch-deutschen Thron, der nicht nur auf ein Fortleben im Jenseits, sondern auch im Diesseits bedacht blieb: *»Wer sich in seinem Leben kein Gedächtnis macht, der hat nach seinem Tod kein Gedächtnis, und desselben Menschen wird mit dem Glockenton vergessen, und darum wird das Geld, so ich auf das Gedächtnis ausgebe, nicht verloren sein.«*

So schrieb Kaiser Maximilian I. im »Weißkunig«, seiner Autobiographie. Auch das war etwas Neues: Ein Mensch, der sich nicht nur im Beichtspiegel kontrollierte, sondern sein Leben in Selbstbespiegelung und Selbstrechtfertigung, für Zeitgeltung und Nachruhm beschrieb und bebildern ließ. Illustrationen zu Maximilians Werken »Weißkunig« wie »Theuerdank« lieferte Hans Burgkmair, ein Künstler der Reichsstadt Augsburg. Hier fühlte sich der Kaiser zu Hause, weil ihre Bürger vom gleichen Lebensgefühl wie er erfüllt waren – vornehmlich Jakob Fugger, sein Freund und Finanzier.

Albrecht Dürer, Porträt Maximilian I.

Maximilian I. wie Jakob Fugger, der Kaiser und der von ihm 1514 zum Reichsgrafen erhobene Kaufmann, ließen sich 1518 von Albrecht Dürer

Maximilian I. (Holzschnitt nach Dürer)

porträtieren. Der Geldkönig tat ein Übriges: Er ließ Silbermedaillen prägen, die sein Bildnis trugen – auf der Vorderseite seinen Kopf mit venezianischer Haube, auf der Rückseite die antiken Götter Apollo, Neptun und Merkur. Es war der Beginn der deutschen Medaillenkunst und eine Demonstration des Selbstbewusstseins, ja des Überlegenheitsgefühls gegenüber Maximilian. Dieser hatte sich in der Allianz von Kaiser und Kapital als der Schwächere erwiesen, sein Haus in eine Krise gestürzt.

Auf dem Augsburger Reichstag von 1518 wurde sie offenkundig. Das hinderte die Bürger nicht daran, ihren ehrenamtlichen Bürgermeister würdig und herzlich zu empfangen. Ihm und dem Hause Österreich zu Ehren hatten sie die Fassade des – alten, noch gotischen – Rathauses mit Bildern von Habsburgern bemalt. Wie es aber im Hause Habsburg weitergehen sollte, das war die große Frage, auf die Maximilian von den Reichsständen eine befriedigende Antwort haben wollte. Er erhielt sie jedoch nicht auf diesem, seinem letzten Augsburger Reichstag. Maximilian wollte die Kurfürsten dafür gewinnen, sich für die Nachfolge seines Enkels Karl als deutscher König und römischer Kaiser auszusprechen. Der Spross seines Sohnes Philipp des Schönen und der Spanierin Johanna war nun achtzehn. Bereits seit 1506, dem Tode seines Vaters, war er Herr der Niederlande und Burgunds; seit 1516 auch König von Spanien, wozu Neapel gehörte.

Der achtzehnjährige Habsburger war also schon ein mächtiger Herrscher. Das missfiel deutschen Fürsten, die auf ihre Eigenständigkeit bedacht waren und deshalb lieber einen schwachen als einen starken König und Kaiser über sich haben wollten. Sie griffen zu einer Hinhaltetaktik. Zuerst sollte Maximilian I. endlich vom Papst die Kaiserkrone erhalten, nachdem er sich bereits 1508 selber zum »Erwählten Römischen Kaiser« proklamiert hatte. Sobald er ein vom Papste abgesegneter, also vollgültiger Kaiser geworden sei, könne sein Enkel Karl von den Kurfürsten zum römischen König gewählt werden und in dieser Eigenschaft beim Tode oder einer Abdankung seines Großvaters rechtlich und faktisch deutscher König und erwählter römischer Kaiser werden.

Das stellten deutsche Fürsten in Aussicht, doch zugleich taten sie einiges, um sie zu versperren. Papst Leo X. wollte mit sich über den päpstlichen Segen für den deutschen Kaiser reden lassen, wenn dieser dafür sorgte, dass die Kurie Reichsgelder für einen Kreuzzug gegen die Türken erhielt. Doch der

Reichstag tat weder dem Kaiser noch dem Papst diesen Gefallen. Die Stände bewilligten zwar grundsätzlich eine Kreuzzugssteuer, aber mit Ausführungsbestimmungen, die daran zweifeln ließen, ob damit hinreichend Geld eingebracht werden könnte.

In gedrückter Stimmung verließ der neunundfünfzigjährige Maximilian am 26. September 1518 Augsburg, unbefriedigt vom Ergebnis des Reichstages, in Sorge um die Zukunft des Hauses Habsburg und in Vorahnung seines baldigen Todes. Er hinterließ im Klosterhof von St. Ulrich und Afra sein unvollendetes Denkmal, und die Abschiedsworte: »*Nun gesegne dich Gott, du liebes Augsburg, und alle frommen Bürger darinnen. Wohl haben wir manchen frohen Mut in dir gehabt, nun werden wir dich nicht mehr sehen.*«

Bei siebzehn offiziellen und privaten Besuchen hatte Maximilian insgesamt zwei Jahre und 211 Tage in Augsburg geweilt. Am 12. Januar 1519 starb er in Wels in Oberösterreich. Sein Grab fand er unter dem Hochaltar der St.-Georgs-Kapelle in der Hofburg in Wiener Neustadt. Sein Grabdenkmal in Innsbruck blieb so unvollendet wie seine Politik. Aus dem Kreuzzug gegen die Türken wurde nichts. Und seine Nachfolge im Reich blieb offen.

Wenn sie dann doch im Sinne des Verstorbenen gelöst werden konnte, dann war dies vornehmlich wieder einmal Jakob Fugger zuzuschreiben, dem überlebenden Compagnon Maximilians in der Gesellschaft Kaiser und Kapital. Der Augsburger stand bereit, dem jungen Habsburger auf den Thron zu helfen, damit ihm dieser weiterhin zu Vermögen und Ansehen verhelfen könnte.

Hans Daucher, Beweinung Christi, Altar der Fuggerkapelle, St. Anna

Der Kaisermacher

König Franz I. von Frankreich, porträtiert von Jean Clouet, um 1520

Karl I., dem König von Spanien, wären als Karl V., deutschem König und römischem Kaiser, die österreichischen Erblande, Böhmen und Ungarn sowie die Oberhoheit über die Länder des Reiches zugefallen. Er wäre der mächtigste Herrscher nicht nur Europas, sondern der Welt geworden – denn zu Spanien gehörten weite Teile der Neuen Welt.

Diese Vorstellung war ein Alpdruck für deutsche Fürsten, die sich weniger denn je einem deutschen König und erst recht nicht mehr – die Reformation hatte begonnen – einem römischen Kaiser fügen wollten. Und der König von Frankreich war alarmiert, Franz I., der sich von zwei Seiten umfasst sah, befürchtete, in der Umklammerung durch das habsburgische Spanien und das habsburgische Deutschland erdrückt zu werden.

So kam es zu einem ungewöhnlichen Bündnis zwischen dem Franzosenkönig, der die Interessen seines nationalen Staates verfolgte, und deutschen Fürsten, die auf ihre Selbstständigkeit pochten, an ihre Teilstaaten, nicht an das Reichsganze dachten. Deshalb hätten sie es kaum für einen Nachteil, eher für einen Vorteil gehalten, wenn der Valois Franz und nicht der Habsburger Karl die Krone des Heiligen Römischen Reiches Deutscher Nation bekommen hätte.

Auch der Papst unterstützte den Franzosen. Als Oberhaupt der römisch-katholischen Kirche hätte er als römischen Kaiser den Angehörigen eines Hauses bevorzugen müssen, das die Kaiserwürde bereits getragen, die Kaiserrolle im Sinne der mittelalterlichen Auffassung gespielt hatte, der Imperator sei der weltliche Mitregent des Stellvertreters Christi. Aber in seiner Eigenschaft als Herrscher des Kirchenstaates erschien ihm der Habsburger – der über Neapel gebot, territoriale Interessen in Italien hatte und das weltliche Rom von Süden wie Norden her bedrängte – als gefährlicher Gegner.

Mit dem Segen des Papstes und Mitteln seiner königlichen Kasse bestritt Franz I. von Frankreich seine Kandidatur. Schon schien sie aussichtsreicher zu sein als diejenige Karls I. von Spanien. Denn weniger der geistliche Zuspruch aus Rom als Gelder aus Paris stimmten deutsche Kurfürsten für den Franzosen günstig. Es schien – und französische Agenten nährten diese Vermutung –, als könne der Herrscher eines Zentralstaates und der Inhaber einer Staatskasse mehr bieten als einer der Habsburger, deren leere Taschen fast sprichwörtlich geworden waren.

Es war nichts Außergewöhnliches, dass Kurfürsten, die den deutschen König zu wählen hatten, sich ihre Stimmen vergolden ließen. Eine Königswahl war meist ein Handel nicht nur politischer, sondern auch finanzieller Interessen gewesen, ein Geschäft. Dies war eine der wenigen Reichstraditionen, an denen deutsche Fürsten unentwegt festhielten, auch und gerade in einer Zeit, in der man die Staatsraison entdeckte und den nackten Egoismus zum *Sacro egoismo* erklärte. Es ging kaum darum, wer der geeignetste deutsche König sein würde – es zählte, was er zahlen konnte.

Schließlich stellte sich heraus, dass der Habsburger Karl mehr zu bieten, ja den Valois Franz zu überbieten vermochte – weil er Jakob Fugger hinter sich hatte.

Der Augsburger hatte von Anfang an auf den Enkel Maximilians gesetzt, ihm die Übersiedlung von den Niederlanden, wo er erzogen worden war, nach Spanien, wo er regieren sollte, finanziert, ihn von einem Vertrauensmann begleiten lassen. Fugger war an dem Lande des neuen Herrschers interessiert. Auf der iberischen Halbinsel gab es Bodenschätze, die der Compagnon der Habsburger noch nicht mit Beschlag belegt hatte. Und unausgeschöpfte und schier unerschöpfliche Möglichkeiten für den Handel mit der Neuen Welt.

Doch Jakob ließ sich nicht nur einmal, sondern mehrmals bitten, nicht weil er nicht grundsätzlich zur Unterstützung der Kandidatur des Habsburgers bereit gewesen wäre, sondern weil er die Gegenleistungen höher und höher treiben wollte. Und weil es selbst dem reichen Fugger nicht leicht fiel, die ungeheuren Bestechungssummen für die Kurfürsten, die verniedlichend »Handsalben« genannt wurden, kurzfristig aufzutreiben.

Zudem trat der Versucher in Gestalt von Franz I. von Frankreich an ihn heran: Der König bot ihm zehn Prozent Provision, wenn er die französischen Wahlgelder in Höhe von 300 000 Gulden in Deutschland an den Mann brächte. Andererseits stieg Karl von Spanien nur zaudernd in das Geschäft ein. Der Augsburger wog ab, ziemlich lange, befand schließlich den Valois für zu leicht ... und entschied sich endgültig für den Habsburger.

In dessen Hofkreisen hatte man darauf gebaut und war über das Resultat nicht unbedingt erbaut. Fugger, hieß es, »*leistet dem König von Spanien so viele Gefälligkeiten und Dienste auf unser Ersuchen gegenüber Kurfürsten und nach allen Seiten hin, dass der König verpflichtet ist, sich ihm eines Tages erkenntlich zu zeigen. Der König wird seiner noch bedürfen, ob er will oder nicht; denn die Kurfürsten wollen ihre Versicherungen von Fugger haben und von keinem anderen.*«

Es blieb nichts anders übrig, als auf

Kaiser Karl V. nach Christoph Amberger, ca. 1530

Fugger zu setzen. »*Wenn man sich von Anfang an an ihn gehalten hätte, so wäre das für den König und seine Sache von größtem Vorteil gewesen. Und wenn dieser König noch 200 000 Gulden mehr gebraucht hätte, so würde er ihn nicht verlassen haben und hätte doch an dem Franzosen 30 000 Gulden gewinnen können, wenn er gewollt hätte.*«

Nicht weniger als 852 000 Gulden hatte Fugger für die Wahl Karls flüssig gemacht. 544 000 Gulden waren vom Augsburger Bankhaus selber aufgebracht worden, 143 000 Gulden kamen von den Welsern, der Rest von italienischen Finanziers. 100 000 Gulden waren bereits als Anzahlung für den Kurfürsten von Brandenburg abgezweigt worden. Er wurde nochmals reichlich bedacht, und auch ein anderer Hohenzoller, Albrecht, der Erzbischof und Kurfürst von Mainz. Auch Kurpfalz erhielt eine besonders beträchtliche Summe.

So konnte am 28. Juni 1519 in der Frankfurter Bartholomäuskirche der Habsburger als Karl V. zum deutschen König und künftigen römischen Kaiser gewählt werden, einstimmig von sieben mit mehr oder weniger hohen Summen gekauften Kurfürsten. Der Gewählte war nicht anwesend, wohl aber ein Vertreter Jakob Fuggers, der die Bekanntgabe des Ergebnisses mit Genugtuung vernommen haben dürfte.

»*Als solches ausgerufen*«, berichtete der Frankfurter Stadtchronist, »*haben die 22 Trompeter des Pfalzgrafen und des Markgrafen von Brandenburg in die Trompeten gestoßen, dann hat man zur Orgel das große Te Deum Laudamus angestimmt; die Kurfürsten sind vor dem Altar gestanden bis zum Ende des Gesanges, und von allen Klöstern und Kirchentürmen hat man die Glocken geläutet und in allen Gemeinden das Te Deum gesungen.*«

Den Habsburger Karl erreichte die Nachricht, dass er zum deutschen König und römischen Kaiser gewählt worden war, in Barcelona.

In Augsburg wurden Freudenfeuer angezündet und Feuerwerke abgebrannt, als die Frankfurter Kunde eintraf – über den Kurierdienst Fuggers. Jakob hatte Grund zum Feiern: »Wenn ich allein nicht gewesen wäre mit Darstrecken meines Geldes, Trauen und Glauben, es möchte vielleicht anders gehandelt worden sein.«

Auf dem Gipfel

Jakob Fugger der Reiche, der Kaiserbankier, der Kaisermacher, stand nun an der Spitze der Hochfinanz, auf dem Gipfel seines Geschäftes, seiner Macht und seines Ansehens, bewundert, aber auch beneidet: »Viele, wie der Welt Lauf, sind mir feind. Sagen, ich sei reich, und ich bin reich von Gottes Gnaden, jedermann ohne Schaden.«

Ein Geldkönig von Gottes Gnaden – stand er nun nicht gleichberechtigt neben dem König und Kaiser von Gottes Gnaden? Jedenfalls war er mit seiner Wahl zufrieden, mit dem neuen Partner in der Gesellschaft von politischer und wirtschaftlicher Macht: »Unser Herrgott hat uns die Gnade getan, als man hofft. Wir haben einen guten König überkommen, der uns schützen und beschirmen soll. Ich habe Seiner Gnaden gedient in Sachen, die niemand sonst tun konnte. Lasst es mich billig genießen.«

Ahnte er schon, dass er eine *Societas leonina* eingegangen war, sich in Gesellschaft eines zwar finanziell Schwächeren, doch politisch Stärkeren begeben, einen Pakt mit einem Löwen geschlossen hatte – der mächtige Gläubiger mit dem noch mächtigeren Schuldner? Bald sollte er wissen, dass dieses Bündnis nicht nur Vorteile eintrug, sondern immer mehr Nachteile einbrachte.

»Jakob Fuggers bedingungslose Hingabe an die Sache Karls«, stellte der Historiker Stephan Skalweit fest, *»hat zu jener Verkettung des Augsburger Bankhauses mit den Geschicken der Habsburger geführt, die über Jahrzehnte hinaus wirksam bleiben sollte. Seit der Finanzierung der Kaiserwahl gehörte das Einvernehmen mit der Firma zu den selbstverständlichen Grundlagen der habsburgischen Politik. Auf der anderen Seite hat Jakob Fuggers Entscheidung die Firma auf Gedeih und Verderben an das Herrscherhaus gebunden.«*

Er hatte sich mit Karl V. liiert, in dessen Reich zwar, wie man bewundernd sagte, die Sonne nicht unterging, weil außer einem Teil der Alten Welt auch Teile der Neuen Welt dazugehörten, das aber nicht mehr das Reich Karls des Großen und Ottos des Großen sein konnte – in einer Zeit, in welcher der Nationalismus gegen den Universalismus, der moderne Staat gegen die mittelalterliche Reichsordnung, die Reformation gegen die römische Kirche aufstand. Und der Frühkapitalismus, den Jakob Fugger vertrat, dem Feudalismus, den Karl V. verkörperte, zu widersprechen begann. Trug diese Allianz nicht den Keim von Zwiespalt und Aufspaltung in sich?

Menschlich hatten sie manches gemeinsam, geistig waren sie in Wesentlichem gleichgestimmt, der Kaiser und der Kaufmann, diese Figuren des Überganges von der Gotik zur Renaissance.

Sympathisch fand den neuen Herrscher sogar der Augustinermönch Martin Luther, der bereits seine Thesen an der Schlosskirche zu Wittenberg angeschlagen hatte, mit der alten Kirche das alte Reich in Frage zu stellen begann: »*Gott hat uns ein junges edles Blut zum Haupt gegeben, damit viel Herzen zu großer guter Hoffnung erweckt; daneben will sichs ziemen, das Unser da zu tun und der Zeit und Gnade nützlich zu brauchen.*«

Karl V. war eine in ihrer Widersprüchlichkeit faszinierende Gestalt: Der Edelmann in Ritterrüstung, mit Schwert und Lanze in einer Zeit, die das Pulver erfunden hatte und davon ausgiebig Gebrauch machte. Der römische Kaiser, der wie bisher gegen Türken und bald schon gegen Protestanten zu kämpfen hatte und dabei vom Papst in Rom nicht immer und nie nachhaltig unterstützt wurde. Der deutsche König, der gegen Frankreich Kriege führte, mit dem deutsche Fürsten verbündet waren, die ihren hergebrachten Selbstständigkeitsdrang nun auch noch konfessionell motivierten. Der Schirmherr der römisch-katholischen Kirche, der bei allem Bemühen, mit dem kirchlichen den Reichsfrieden zu bewahren, mit der Reformation und den Reichsständen, die sich zu ihr bekannten, zusammenstoßen musste.

Und mit ihm und durch ihn Jakob Fugger, der dem alten Kaiser wie dem alten Glauben im Geiste und durch das Geschäft verbunden war.

Der Augsburger war nicht nur der Bankier des Kaisers, sondern auch ein Bankier des Papstes. Das Kapital war auch mit der Kirche verbunden. Die römische Niederlassung Fuggers war eine der wichtigsten. Über sie wurden vielfältige und einträgliche Geschäfte abgewickelt – von Werbegeldern für die Schweizergarde und Subsidien für den Türkenkrieg bis zur Beteiligung am Ämterhandel und der Einhebung, Verrechnung und Überweisung von Ablassgeldern.

»*Die Fugger*«, schrieb der Historiker Götz von Pölnitz, »*waren in die Vorgeschichte jenes Ablasses eingeschaltet, der sich kirchengeschichtlich mit dem Namen des Dominikaners Tetzel und Dr. Martin Luthers verbindet. Wie weit die Gesellschaft daneben zum Mitträger von Ereignissen wurde, die den Durchbruch der Reformation auslösten, ließ sich für einen Zirkel merkantil orientierter Würdenträger und Geschäftsleute unmöglich durchschauen.*«

Am Ablasshandel entzündete sich Widerspruch derer, die aus religiösen Gründen gegen Geschäfte mit kirchlichen Angelegenheiten waren, und auch solcher, die überhaupt gegen große Geschäfte und die daraus gezogenen großen Gewinne sich stellten. Ein Ablass, gegen Geld gewährt, wurde als anstößig empfunden, der Ablassstreit wurde ein Auslöser der Reformation – und zu einer Herausforderung des Hauses Fugger.

»Wenn das Geld im Kasten klingt ...«

Bereits im Hochmittelalter war der Gedanke aufgekommen, man könnte Bußwerke durch Ablass ersetzen, zeitliche Sündenstrafen durch Leistungen erlassen bekommen – zum Beispiel Kreuzzugsablass durch Beteiligung an einem Kreuzzug, Jubiläumsablass durch eine Pilgerfahrt nach Rom.

Zunächst war an eine Leistung durch persönliche Opfer gedacht. Aber bereits beim ersten Jubiläum im Jahre 1300 wurden Almosen der Pilger der päpstlichen Kasse zugeführt. »*Und diese Verbindung von Bußsakrament und Geldzahlung*«, erklärte der Historiker Paul Joachimsen, »*wurde noch enger, als man begann, den ›Jubiläus‹ den Leuten ins Haus zu tragen, das heißt zu verkünden, wer so viel Geld erlege, als die Reise nach Rom gekostet hätte, sollte desselben Ablasses teilhaftig werden. Schon vorher war die Vorstellung aufgekommen, dass auch von den für die einzelnen Kirchen in der ganzen Weite der abendländischen Christenheit bewilligten Ablässen der römischen Mutterkirche ihr Teil gebühre.*«

Auch diese Mittel sollten mit den Methoden des modernen Geldverkehrs eingezogen werden. Anders war dies auch gar nicht mehr möglich: Päpstliche Schatzmeister konnten nicht in die ganze Welt ausschwärmen, die Ablassgelder wie auch andere kirchliche Abgaben persönlich einsammeln und nach Rom zurückbringen. Man bedurfte der Hilfe der neuen Banken, auch und nicht zuletzt des Bankhauses Fugger.

Hier gingen die Päpste durchaus mit der Zeit. Sie benützten die neuen Formen der Geldwirtschaft, die Errungenschaften des Frühkapitalismus, kooperierten mit den ersten modernen Bankiers, den Medici in Florenz ebenso wie den Fuggern in Augsburg.

Auch in anderer Hinsicht waren die Päpste dem Zeitgeist aufgeschlossen: Sie suchten Humanismus und Renaissance, die neue Wissenschaft und die neue Kunst zur Ehre Gottes und zum Preise des Papsttums einzusetzen. Julius II. berief Bramante für den Neubau des Petersdomes, Raffael zur Ausmalung der Stanzen im Vatikanpalast, Michelangelo für die Gestaltung der Sixtinischen Kapelle.

Dafür brauchte er Geld, viel Geld. So schrieb Papst Julius II. einen Ablass aus, den dann Papst Leo X., ein Mediceer aus Florenz, erneuerte. Der Neubau der Peterskirche sollte – wie es in der Ablassbulle hieß – »*die Zier und Würde der Universa Christiana Respublica*« demonstrieren. Doch die Art und Weise, wie erforderliche Mittel dafür beschafft wurden, zerstörte – wie es Paul Joachimsen ausdrückte – »*die Res Publica Christiana in demselben Augenblicke, wo sie ihr größtes bauliches Denkmal erhalten sollte*«.

Denn in Wittenberg an der Elbe nahm der Augustinermönch Martin Luther Anstoß am Ablasshandel, löste damit die Reformation und mit ihr die Kirchenspaltung aus. Am Anfang stand seine Kritik gegen besonders auffällige Formen der Verquickung von überweltlichen mit weltlichen, allzu weltlichen Anliegen.

Da war Albrecht von Brandenburg, der als Kirchenfürst ein Leben führte, als wenn er Kurfürst von Brandenburg geworden wäre. Der Hohenzoller hatte geistliche Ämter angehäuft: Er war Erzbischof von Magdeburg und Administrator des Bistums Halberstadt, seit 1515 auch Erzbischof von Mainz. Um dem Papst das Pallium – das liturgische, vom Papst gesegnete und verliehene Abzeichen des Metropoliten – zu bezahlen, ihm auch die Genehmigung für die Ämterhäufung zu entgelten, brauchte er Geld.

So nahm Albrecht bei Fugger einen Kredit von 29 000 Gulden auf. Um ihn abzutragen, erhielt er vom Heiligen Stuhl den Vertrieb des Ablasses, gegen Überlassung der Hälfte des Ertrages. Albrechts Agent für das Inkasso der Ablassgelder war der Dominikanermönch Johann Tetzel, dem das Wort zugeschrieben wurde: »Sobald das Geld im Kasten klingt, die Seele aus dem Fegefeuer springt.« Dass das Geld in den richtigen Kasten sprang, dafür sorgte Fugger, der sein ausgeliehenes Geld mit Zinsertrag wieder hereinbekommen wollte.

Dagegen wandte sich Martin Luther in seinen 95 Thesen, die er am 31. Oktober 1517, am Vorabend des Allerheiligenfestes, an der Schlosskirche der sächsischen Universitätsstadt Wittenberg anschlug: »Das ist gewiss, dass, sobald der Groschen im Kasten klingt, Gewinst und Geiz zunehmen können, die Hilfe aber oder die Fürbitte der Kirche steht allein in Gottes Wohlgefallen ... Darum sind die Schätze des Evangeliums Netze, mit denen man vorzeiten die reichen Leute gefischt hat. Die Schätze des Ablasses aber sind die Netze, mit denen man zu jetziger Zeit den Reichtum der Menschen fischt. Der Ablass, den die Prediger für die größte Gnade ausrufen, ist freilich für eine große Gnade zu halten, da er großen Gewinst und Genuss einbringt.«

Luthers Thesenanschlag zeitigte eine ungeheure Wirkung. Er wirkte wie der Funke im Pulverfass. Allenthalben war Zündstoff gegen die alte Kirche angehäuft – gegen gewisse Praktiken, mehr noch, gegen ihren Anspruch, alles und jeden in die römisch-katholische Ordnung einzufügen, die Philosophie lediglich als »Magd der Theologie« und das Individuum nur als Glied des Ganzen gelten zu lassen. Auch war die Kirche mit den alten Gewalten verbunden, die zu Beginn der Neuzeit in Frage gestellt wurden: die Reichsgewalt von der Territorialgewalt, der Feudalismus von Bürgern und Bauern, das durch Handel und Geldwirtschaft reich gewordene Großbürgertum von Handwerkern und Handlangern, die beim Aufblühen des Städtewesens zu kurz gekommen waren.

Zu denen, die sich als Stiefkinder des Fortschrittes fühlten, gehörten auch die Reichsritter, die von den neuen Landesherren bedrängt wurden. Einer von ihnen war Ulrich von Hutten. Er hatte Latein und Griechisch gelernt,

Fuggersches Altarbild von Giulio Romano, 1522, in S. Maria dell'Anima, Rom

eine humanistische Bildung genossen, war in Augsburg von Kaiser Maximilian als *Poeta laureatus* gekrönt worden. Mit geistigen Waffen stritt Hutten, der sich für einen Ritter wider Tod und Teufel hielt, gegen Kurie und Kapital, gegen den Papst in Rom und dessen Bankier in Augsburg, gegen alle, die aus kirchlichen wie weltlichen Geschäften »Gewinst und Genuss« zögen:

»*So tut denn die Augen auf, ihr Deutschen, und seht, wer es ist, der euch daheim beraubt, auswärts in üblen Ruf bringt und an allem Unglück, allem Missstand bei euch die Schuld trägt. Seht sie euch an, die heillosen Ablasskrämer, die verruchten Händler*

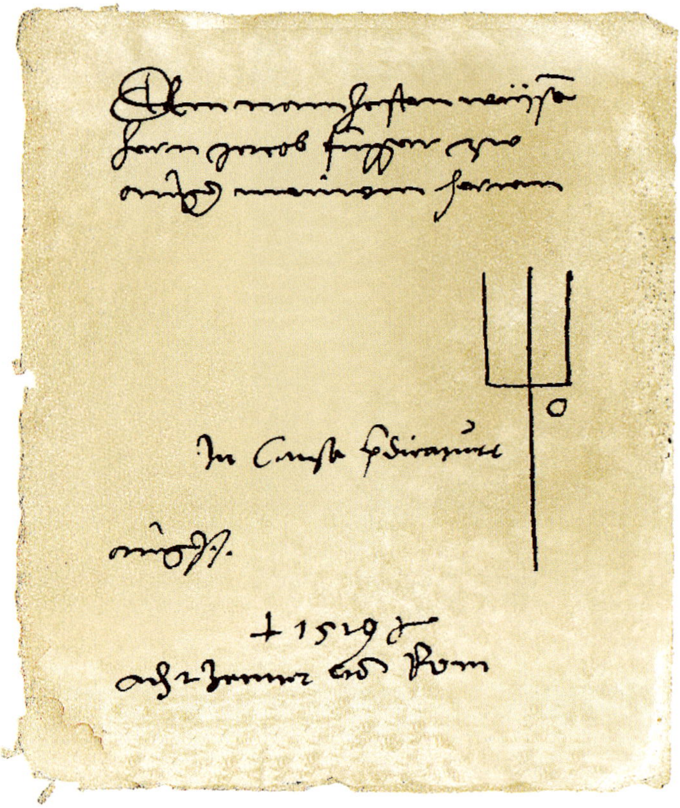

Brief von Anton Fugger an Jakob Fugger, mit dessen Empfangsvermerk von 1519 und der Handelsmarke der Fugger

mit Gnaden, Dispensen, Absolutionen und allen möglichen Bullen, die einen Markt mit heiligen Dingen in der Kirche Gottes eingerichtet haben, daraus er einst diejenigen trieb, die lediglich geringe weltliche Ware dort kauften und verkauften. Sie sind die Werkmeister allen Trugs, die Erfinder aller Listen, Urheber der Knechtschaft und der Gefangenschaft des Volkes.«

Ulrich von Hutten, einer der ersten Publizisten, machte keinen Unterschied zwischen dem Ablassagenten Tetzel und dem Bankier Fugger. »Nicht zufrieden damit, nur auf eine Art das arme Deutschland zu plündern«, so der Ritter der Feder, habe sich der Augsburger auch noch »ins Geistliche« gemischt. Schon die »eine Art«, das weltliche Geschäft, hielt Hutten für verwerflich genug:

»Suchten nicht bisher die Fugger auf jede erlaubte und unerlaubte Weise alle übrigen Kaufleute vom Handel mit indischen Erzeugnissen auszuschließen, um durch die Einführung von entbehrlichen oder die Gesundheit und die Sitten schädigenden Waren den Deutschen ihr Geld und Silber abzunehmen?

Ist es daher nicht der Wunsch aller redlichen Deutschen, auch der gutgesinnten Kaufleute, dass diese Leute, je eher, je lieber, aus unserem Vaterlande vertrieben werden?«

Radikalismus wurde bereits am Beginn der Kapitalismuskritik laut, die anvisierte Menschenfreundlichkeit schlug in ausgesprochene Menschenfeindlichkeit um. Weil die Menschheit es besser haben sollte, wurden einzelne Menschen schlechter gemacht, als sie es verdienten – so der Frühkapitalist Jakob Fugger vom streitbaren Publizisten Ulrich von Hutten: *»Ist es nicht Raub, wenn sie Deutschland mit einer Münze überschwemmen, die nicht den inneren Gehalt hat, den sie haben sollte? Ist es nicht auch Raub, wenn sie sich nahezu das gleiche Monopol über die Ablässe, Pfründen, Dispense und andere päpstliche Privilegien verschafft haben, wie über die indischen Waren, wenn sie ganz Deutschland mit römischem wie indischem Tand überschwemmen und ihren Mitbürgern, so dem einen wie dem andern, gutes Geld herauslocken?«*

Die Zeit hatte ein Stichwort: Monopol. Gegen die Monopole wurde vom Leder und zu Felde gezogen – gegen das Kirchenmonopol des Papstes, gegen das Herrschaftsmonopol des Kaisers, gegen das Wirtschaftsmo-

Schmähschriften gegen den Ablasshandel

nopol der Fugger. Die Reformation war nicht nur eine religiöse und geistige, sondern auch eine soziale und ökonomische Bewegung. Ihre Vorkämpfer blickten indessen nicht nur nach vorne. Im Kampf gegen den Frühkapitalismus, der eine moderne Erscheinung war, erinnerte sich der Reichsritter Ulrich von Hutten der Zeiten, in denen seinesgleichen »Pfeffersäcke«, Kaufleute, ausgeplündert hatten. Und der Augustinermönch Martin Luther gedachte der mittelalterlichen Lehre der römisch-katholischen Kirche, die Geldgeschäft gegen Zins verbot.

»*Das größte Unglück deutscher Nation ist gewisslich der Zinskauf*«, behauptete Martin Luther. »*Wie ist's möglich, dass es sollt göttlich und recht zugehn, dass bei einem Menschen – dem Fugger – sollten auf einem Haufen so große königliche Güter gebracht werden? Ich weiß die Rechnung nicht, wie man mit hundert Gulden mag des Jahres erwerben zwanzig, ja ein Gulden den andern ... Denn Geld ist eine unfruchtbare Ware, trägt und heckt nicht wieder Geld, da mans gleich säet, wie Getreide tut, das kann ich nicht verkaufen durch meine GESCHICKLICHKEIT. Darum sind die jetzigen Händel mit dem Gelde unrecht und wider Gott, die Land und Leute verderben und aussaugen... Man müsste wirklich dem Fugger und dergleichen Gesellschaft einen Zaum ins Maul legen.*«

Freiheit und Freihandel

Christoph Amberger, Konrad Peutinger

Als Volksfeind wurde Jakob Fugger von Martin Luther und Ulrich von Hutten abgestempelt. Wie reagierte der Frühkapitalist auf solche Angriffe, die nicht nur auf seine geschäftliche Substanz, sondern auch auf seine persönliche Existenz zielten?

Er wolle gewinnen, dieweil er könne, sagte er einem Gutmeinenden, der ihm riet, sich mit dem zufrieden zu geben, was er habe, das zu genießen, was ihm gelungen sei. Und er schaute sich nach Persönlichkeiten um, die seine Meinung und Position theologisch und philosophisch, wissenschaftlich und publizistisch verteidigen könnten.

So berief er als Pfarrer an seine Patronatspfarre am Stift St. Moritz in Augsburg den scholastischen Theologen und Ingolstädter Universitätsprofessor Johannes Eck. Dieser Schwabe hatte, bevor er Luther und dessen Lehre angriff, auf Disputationen in Bologna, Wien und Augsburg das mittelalterliche Zinsverbot für überholt erklärt. Zins sei nicht an sich Wucher, ein Zinssatz von 5 Prozent sei akzeptabel. Das Wechselgeld sei ohnehin vom Wucherbegriff auszunehmen. Ein Augsburger Domherr bezeichnete Eck daraufhin als »*Apostolus mercatorum*«, aber gerade ein solcher Sendbote war Fugger willkommen.

Jakob wusste, dass er – was seine Praxis des Wirtschaftens betraf – moderner war als seine Kritiker, die an mittelalterlichen Lehren und Zuständen festhielten. Schon konnte er sich auf eine Theorie des Frühkapitalismus berufen, die ihm sein Mitbürger Konrad Peutinger lieferte – der Augsburger Stadtschreiber, der auf die Steuern der Handelshäuser nicht verzichten konnte; der Anhänger der römisch-katholischen Kirche, der durch die Reformation, vor allem durch die mit ihr verknüpfte Stärkung staatlicher Gewalten, eher mehr geistige Bevormundung, jedenfalls mehr politische Unterordnung auf den modernen Menschen zukommen sah; der Humanist, der den mittelalterlichen Zunftzwang ablehnte und für Gewerbe- und Handelsfreiheit eintrat.

Freies Unternehmertum, freie Wirtschaft, freier Handel – das waren für Konrad Peutinger Elemente der Emanzipation des Individuums aus mittelalterlichen Zwängen. Und Voraussetzungen des Fortschritts. Erwerbsstreben als Antriebskraft, ein Wettbewerb der Tüchtigen, der mit den Einzelnen das Ganze voranbrächte, Gewinne für die Tüchtigsten zur Belohnung für Geleistetes und zur Ermunterung für weitere Progression.

»Die Verfolgung des eigenen Interesses, soweit sie nicht die vom Recht gesetzten Schranken durchbricht, gehört zu den natürlichen und selbstverständlichen Rechten des Einzelnen«, interpretiert der Historiker Clemens Bauer das neue ökonomische Denken Konrad Peutingers und damit auch das neue ökonomische Handeln Jakob Fuggers. *»Nur der Eigennutz ist ein ausreichender Anreiz, nur die Aussicht auf Gewinn zum eigenen Nutzen ein genügend wirksames Motiv für wirtschaftliches Wagen, Handeln und Arbeit.«*

Die Zunftordnung beschränke eine freie Entfaltung der wirtschaftlichen und gesellschaftlichen Kräfte, prämiiere den Untüchtigen zu Lasten des Tüchtigen. Die neue freie Wirtschaft hingegen setze auf die persönliche Initiative des Einzelnen, der frei von Behinderungen durch die alte Zunftwirtschaft und durch eine bereits anvisierte neue Staatswirtschaft denken, planen und schaffen könne. Dadurch würden Energien freigesetzt, die nicht allein dem Einzelnen, der ein Recht auf Erwerbendürfen und Reichwerden habe, zugute kämen, sondern der Gesamtheit, die aus der Summe des Erworbenen und Erreichten ihren Nutzen zöge.

Die Selbstentfaltung, so Peutinger, müsse mit Selbstverantwortlichkeit gekoppelt bleiben, die Verfolgung des Eigennutzes mit dem Streben nach Gemeinnützigkeit. *»Mit der Prokla-*

Dr. Johannes Eck

Börse von Antwerpen, erbaut 1531

mation der Freiheit des Einzelnen«, erklärt Clemens Bauer, »*verknüpft sich bei Peutinger bereits ein erster und deutlicher Ansatz von Harmonieglauben. Aus der Verfolgung der ›propria utilitas‹, des ›proprium commodum‹ durch die Wirtschafter erwächst im Geflecht der Gesamtwirtschaft und ihrer Zweige der Dauervorteil der anderen als die ›commoditas publica‹ aller Wirtschafter und der Obrigkeiten und Staaten. Für den Bereich der Wirtschaft bedeutet die ›commoditas publica‹ eben den Reichtum möglichst vieler, der ihnen aus der Verfolgung ihrer ›commoditas privata‹ erwächst. Reiche Bürger zu haben, muss das Streben aller Staaten und Obrigkeiten sein.*«

Der Augsburger Konrad Peutinger nahm die Lehre von der freien Marktwirtschaft des Briten Adam Smith und die Lehre von der sozialen Marktwirtschaft vorweg, wie sie in unserer Zeit formuliert und praktiziert worden ist.

Der gelehrte Humanist und praktische Politiker verteidigte die Handelsgesellschaften und Großfirmen, vorab die Fuggersche, gegen die Antimonopolbewegung der Reformationszeit: gegen Ulrich von Hutten, der persönlich das Selbstausleben bis zur Selbstzerstörung trieb; gegen Martin Luther, der zwar auf die Freiheit eines Christenmenschen setzte, doch faktisch die Obrigkeiten stärkte; gegen Feudalisten, die weiterhin ernten wollten, wo sie nicht gesät hatten; gegen Zunftgenossen, die der Eigeninitiative und damit dem Fortschritt Zügel anlegten, mit alten Scheuklappen in die neue Zeit eintraten.

Ein Gläubiger mahnt seinen Schuldner

Doch die Klagen über Zinswucher, Monopolmissbrauch, Spekulation und Preistreiberei nahmen zu. Sie waren nicht unbegründet, eben weil sich Praktiker nicht an die Theorie hielten, der Eigennutz stärker als der Gemeinnutz verfolgt wurde. Der Ruf wurde laut, die Obrigkeiten sollten eingreifen, die großen Gesellschaften, die sich nicht selber disziplinieren wollten, durch Gesetze zur Räson zu bringen. Reichstage wurden mit dieser Forderung beschäftigt. Im Jahre 1523 erhob der Reichsfiskal, der Anwalt des ständischen Reichsregiments, Anklage gegen Augsburger Gesellschaften, in erster Linie die Fuggersche, wegen Monopolismus und verbotener Verfahren bei Kauf und Verkauf.

Schon war die Rede davon, das Handelskapital einer Firma solle auf 50 000 Gulden beschränkt, die Zahl der Filialen auf drei reduziert werden. Jakob Fugger war alarmiert – eine entsprechende Verordnung hätte ihn ruiniert.

Kaiser Karl V. schien zu schwanken zwischen seinen mittelalterlichen Ansichten, die ihm Finanzmacht verwerflich und Finanzmachthaber verdächtig erscheinen ließen, und der Einsicht eines modernen Staatslenkers, der wusste, dass man die Pferde, die den Wagen ziehen sollten, nicht auf halbe Futterration setzen, geschweige denn schlachten durfte. Es war ungewiss, wie sich der stets zwischen König Artus und Niccolo Machiavelli hin- und herpendelnde Habsburger entscheiden würde.

In dieser prekären Situation, Anfang 1523, schrieb Jakob Fugger an Karl V. einen Brief: „*Allerdurchlauchtigster, großmächtigster Römischer Kaiser, Allergnädigster Herr! Eure Kaiserliche Majestät tragen ohne Zweifel gut Wissen, wie ich und meine Vettern bisher dem Hause Österreich zu desselben Wohlfahrt und Aufnehmen in aller Untertänigkeit zu dienen geneigt sind, weshalb wir uns auch mit weiland Kaiser Maximilian, hochlöblichster Gedächtnis, Eurer Kaiserlichen Majestät Ahnherren, eingelassen und uns Seiner Majestät zu untertänigem Gefallen zur Förderung und Erlangung der römischen Krone für Eure Kaiserliche Majestät gegen etliche Fürsten, die ihr Vertrauen und Glauben auf mich und vielleicht sonst niemand setzen wollten, verschrieben haben; dass wir auch nachmals auf Grund der Verhandlung mit Eurer Königlichen Majestät Kommissarien zur Vollziehung gedachter vorgenommener Sachen eine treffliche Summe Geldes vorgestreckt haben, die ich nicht allein bei mir und meinen Vettern, sondern auch bei anderen guten Herren und Freunden mit großem Schaden aufgebracht habe, damit solch löbliches Vornehmen Eurer Kaiserlichen Ma-*

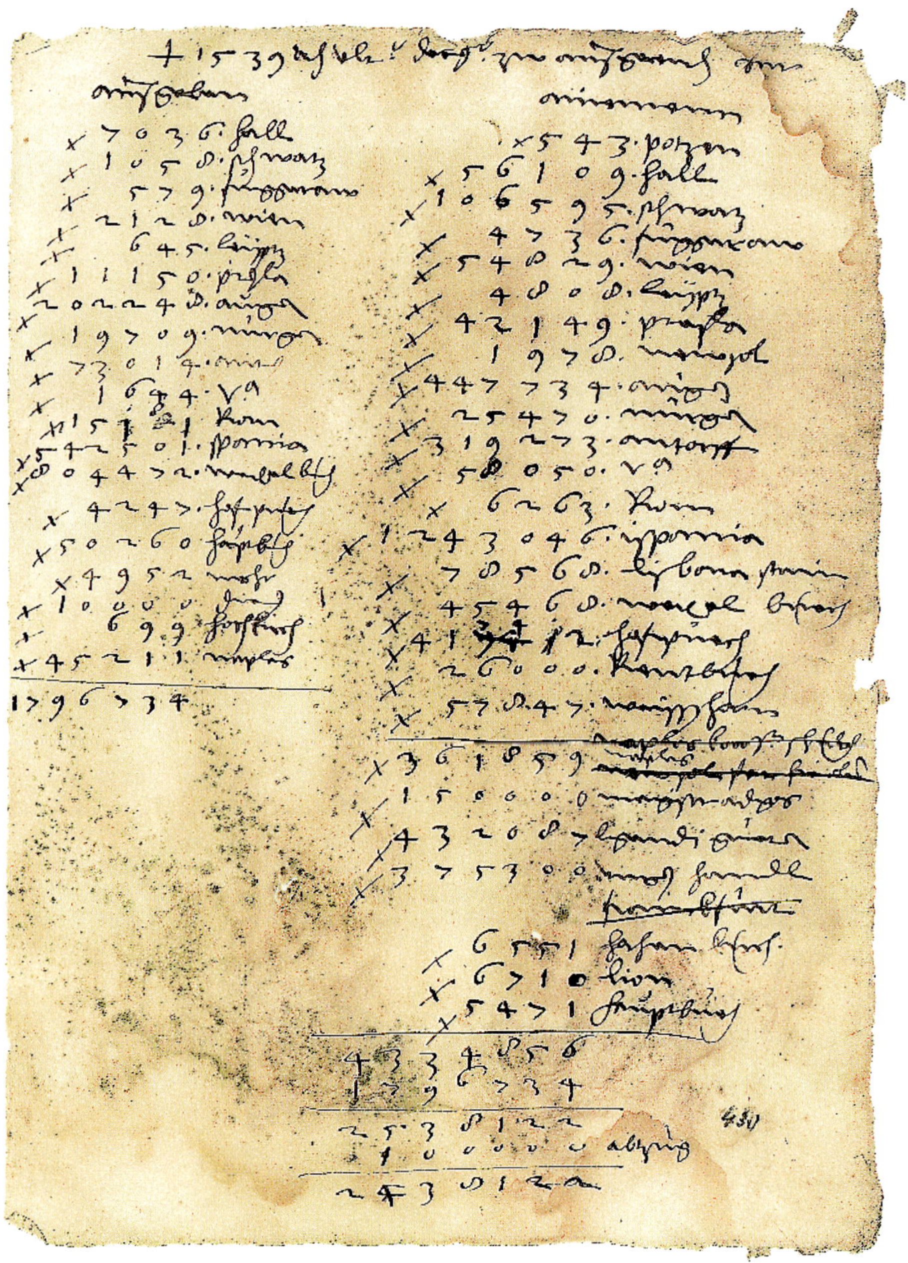

Anton Fuggers eigenhändiges Abschlussblatt zur Gesellschaftsinventur 1539

jestät zu hohen Ehren und Wohlfahrt Gestalt gewinne.«

Jakob Fugger schrieb untertänig wie ein Untertan, erinnerte jedoch unverblümt daran, wem der Kaiser sein Kaisertum verdankte: »*Es ist auch wissentlich und liegt am Tag, dass Eure Kaiserliche Majestät die römische Krone ohne mein Zutun nicht hätten erlangen können, was ich durch Handschreiben aller Kommissarien Eurer Kaiserlichen Majestät beweisen kann. Ich habe hierin auch meinen eigenen Nutzen nicht angesehen; denn wenn ich von dem Hause Österreich abstehen und Frankreich hätte för-*

dern wollen, so wollte ich groß Gut und Geld, wie mir denn angeboten worden ist, erlangt haben. Was aber Eurer Kaiserlichen Majestät und dem Hause Österreich für Nachteil daraus entstanden wäre, das mögen Eure Kaiserliche Majestät aus hohem Verstande wohl erwägen.«

Der Kaufmann erinnerte den Kaiser und König daran, wem er auch und nicht zuletzt seine Kronen verdankte: dem Gold des Augsburgers, mit dem die deutschen Kurfürsten bestochen worden waren. Mehr noch: In einer Situation, in der Jakob Fugger Anlass zu haben meinte, am Dank des Hauses Habsburg zweifeln zu müssen, schrieb er Karl V. einen Mahnbrief, in dem ein Gläubiger seinen Schuldner zurechtwies.

»Bisher ist mir nun Eure Kaiserliche Majestät über die Summe Geldes, so Eure Kaiserliche Majestät mir auf dem Reichstag zu Worms berechnet und mich auf die Grafschaft Tirol verwiesen haben, von deren Einkünften ich noch nicht völlig zufriedengestellt bin, 152 000 Dukaten schuldig geblieben ... Nach alledem ist an Eure Kaiserliche Majestät mein untertänigstes Anrufen und Bitten, Sie wolle solch meine getreuen und untertänigen Dienste, die Eurer Kaiserlichen Majestät zu hoher Wohlfahrt erwachsen sind, gnädiglich bedenken ... und verordnen, dass mir solch meine ausgelegte Summe Geldes samt dem Interesse ohne längeren Verzug entrichtet und bezahlt werde. Das um Eurer Kaiserlichen Majestät zu verdienen will ich in aller Untertänigkeit erfunden werden ... Eurer Kaiserlichen Majestät untertänigster Jakob Fugger.«

Die Kaiserliche Majestät verstand sofort, worum es ging – nicht nur und nicht einmal in erster Linie um die Begleichung von Schulden, sondern vor allem um die Bewahrung der uneingeschränkten Geschäftsfähigkeit des Hauses Fugger, damit der Habsburger auch künftig beim Augsburger Schulden machen könnte. Karl V., den Jakobs Mahnbrief in Spanien erreichte, schrieb an seinen Bruder Ferdinand, den Herrn der österreichischen Erblande, seinen Stellvertreter im Reich: Er solle dafür Sorge tragen, dass der Monopolprozess unterbunden werde. Der Reichsfiskal wurde angewiesen, das Verfahren einzustellen. Die Gefahr war von Fugger und den anderen Großfirmen abgewendet.

Geben, um nehmen zu können

Jakob Fugger hatte die stärkste Trumpfkarte ausgespielt, die er in der Auseinandersetzung mit den Antimonopolisten in der Hand hielt: Eine handfeste Mahnung an den Kaiser, dass er die Bank, von der er weiterhin abheben wollte, nicht zugrunde gehen lassen dürfte, er auch einmal etwas geben müsste, wenn er weiterhin nehmen wollte, die Interessengemeinschaft zwischen Großmachtpolitik und Großkapital bestehen bleiben sollte.

Gerade zu diesem Zeitpunkt benötigte Karl V. Geld, viel Geld. Er wollte im Konflikt mit Frankreich eine Entscheidung zugunsten des Reiches und Spaniens erzwingen. Franz I. hatte Mailand zurückgewonnen, der Habsburger wollte es ihm wieder entreißen. Kurz vor der Entscheidungsschlacht bei Pavia trafen die Fuggerschen Gelder im kaiserlichen Lager ein, die Landsknechte erhielten ihren Sold, und Karl V. errang einen großen Sieg. Franz I. wurde gefangen, musste im Frieden von Madrid – 1526, das Jahr darauf – seinen Ansprüchen auf Mailand und Neapel entsagen, das Herzogtum Burgund herausgeben.

Am gleichen Tage, an dem ihm die Siegesnachricht von Pavia zugegangen war, am 10. März 1525, hatte der Kaiser die Privilegien der »Monopolisten« bestätigt. Und am 12. Mai 1525 erließ er das Edikt von Toledo, das die Großfirmen unter reichsgesetzlichen Schutz stellte. Der Monopolbegriff wurde derart verwässert, dass er den Monopolpraktikern nicht mehr gefährlich werden konnte. Die »*volle und uneingeschränkte Kaufmannschaft*« wurde garantiert, die Konzentration des Erzbergbaus und Metallhandels in wenigen Firmen anerkannt.

»*Keinen Zweifel*«, resümierte der Historiker Stephan Skalweit, »*es war der Dank der Römischen Majestät an die oberdeutschen Firmen, es war zugleich die weithin sichtbare Entscheidung für die Wirtschaftsmächte einer neuen Zeit. So ist in eigentümlicher Verschränkung von Kräften und Interessen der fremde Kaiser aus Spanien und Burgund, der in vielem noch so stark mittelalterlich gebundene Herrscher, zum Beschützer der modernen Antriebe des deutschen Wirtschaftslebens geworden – gegen die Autarkiebestrebungen des Reichsregiments und das agrarischfeudale Denken von Fürsten und Ständen, aber auch gegen den konservativen Geist Luthers.*«

Es war ein Dank des Hauses Habsburg – auch und vor allem an das Haus Fugger, verbunden mit dem Ersuchen, dem Kaiser und König auch fernerhin mit allen Kräften und allem Vermögen beizustehen. Und ein Appell an den Augsburger, das *Do ut des* fortzuführen: Ich gebe, damit du mir etwas gebest. Fugger gab und nahm weiterhin, leistete Darlehen und strich

Portal der Kirche San Salvador, heute San Blas, mit Fuggerwappen, Almagro, Spanien

Gegenleistungen ein, samt Zinsen und Zinseszinsen.

Schon hatte er für Schulden des Kaisers den Zinssatz von 5 auf 8 Prozent erhöht. Zudem wurden Pfänder verlangt und erlangt: Haller Salz, Schwazer Kupfer und Silber, das Schmelzwerk von Rattenberg. Und Sicherheiten in Spanien. Fugger übernahm die Pacht von Gütern spanischer Ritterorden, die so genannten »Maestrazgos« und nahm die Gruben im Raum Almaden-Almagro, Quecksilber und Zinnober, in Beschlag. Weitere Möglichkeiten versprach der Überseehandel. Die dritte spanische Ostindienflotte fuhr unter Beteiligung der Augsburger aus.

»*Es bleibt bei einem Geschichtsrückblick*«, bemerkte der Historiker und

Bundespräsident Theodor Heuss, »*immer die erstaunlichste Anekdote, dass von dieser Binnenstadt Augsburg aus, und nicht von den an den Meeren gelegenen Hansestädten, der Zug in die Welt ging, und Augsburg wurde eine Weltstadt, oder doch zu einem Hebel der Weltgeschichte.*«

Das war vornehmlich Jakob Fugger zu verdanken. Der Mittsechziger stand im Zenit, auf dem Scheitelpunkt seiner Macht. Höher konnte und sollte es nicht mehr gehen. Schon gab es Anzeichen für einen Niedergang, seiner Lebenskurve, seiner Geschäfte, seines Einflusses. Das unentwegte Schaffen und Scheffeln hatte ihn vorzeitig altern lassen. Er war müde und krank, hatte Kummer mit seiner Frau, die mehr den Lichtseiten als den Schattenseiten der Vermögensbildung zugewandt war. Ihn quälte die Sorge um die Fortführung, den Fortbestand seiner Firma. Denn er hatte keine Kinder. Wie sollte, wie konnte es weitergehen? Die Verbindung mit Kaiser Karl V. war kein juristisches, also einklagbares, und nicht einmal ein persönliches Verhältnis: Sie waren sich nie begegnet, verkehrten nur über Dritte miteinander. Innerhalb wie außerhalb des Hauses Habsburg nahmen die Neider und Gegner zu. Und die Zeitläufte liefen mehr und mehr den Ideen Jakobs und den Interessen der Firma zuwider. Die alte Ordnung, der er verhaftet war, der er sich verpflichtet fühlte, zerbrach Stück um Stück, in der Kirche, in der Gesellschaft, im Reich. Und die neue Wirtschaftsordnung, an der er webte und wirkte, wurde in Frage gestellt, von Zeitgenossen, die zurück oder ganz weit nach vorne schauten.

Ältester Brief König Karls von Spanien (Kaiser Karls V.) an Jakob Fugger zur Eröffnung der Finanzverhandlung über die Kaiserwahl

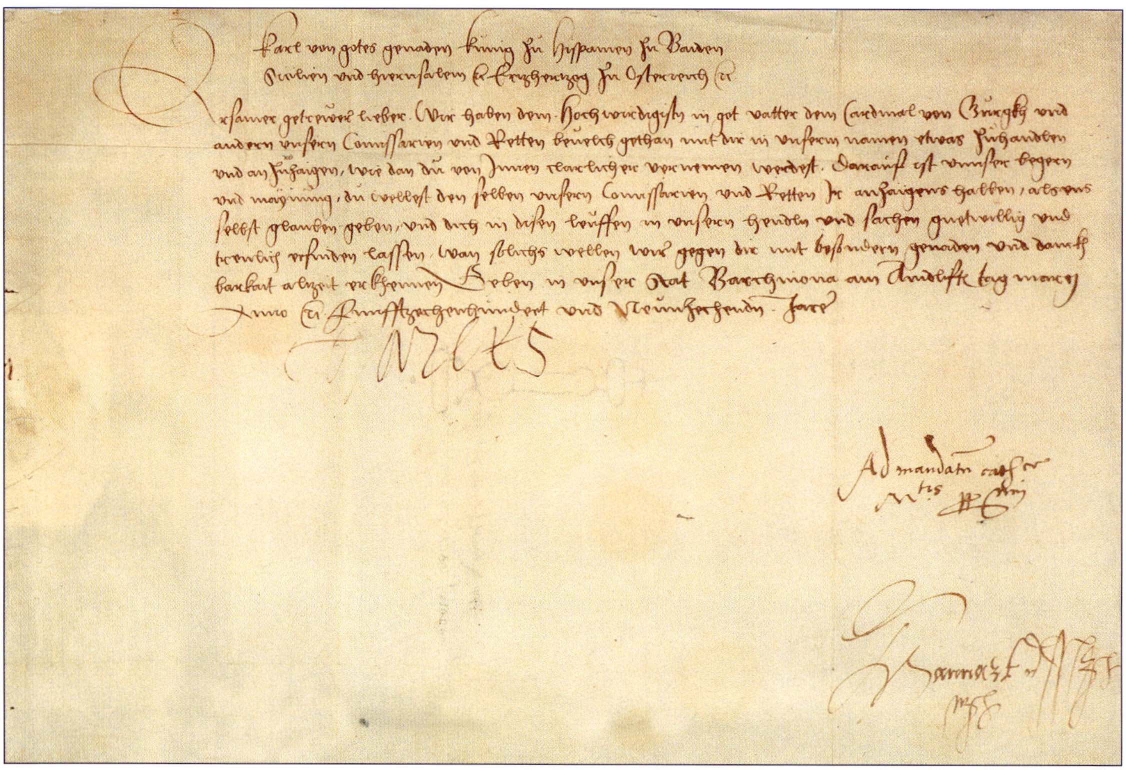

Eine Ordnung gerät aus den Fugen

Mit Zweiundsechzig, im Jahre 1521, machte Jakob Fugger sein erstes Testament. Er wusste, dass seine Zeit ablief, der Tod ihn erwartete, mit dem er – wie er sagte – »die Schuld der Natur zu bezahlen« hatte. Am Zahltag wollte er seine Seele unbelastet haben.

Denn – so Jakob Fugger der Reiche – »der Mensch nichts Köstlicheres, noch Höheres hat denn seine arme Seele, die edler als der Leib, also desselben Seele Heil, als das Ewige, allen anderen zergänglichen Dingen vorzusetzen und zu betrachten« sei. Deshalb bat er »den Allermächtigsten und Höchsten, aller Dinge Schöpfer, seine heiligste Mutter, Jungfrau Maria, und alle des himmlischen Heeres Heilige«, dass sie ihm »ein göttliches und seliges Ende, auch Milde und Barmherzigkeit« verleihen, »meine Seele in Abscheidung von meinem Leibe vor allen bösen Geistern beschirmen und sie ohne Furcht des erschrecklichen Gerichtes in Seinem heiligen Reich barmherzig empfangen«.

Ein Christenmensch wollte in das Heilige himmlische Reich eingehen, musste das Heilige Römische Reich Deutscher Nation verlassen, in dem es nicht zum Besten stand.

1521. Rom war durch die Reformation herausgefordert. Luther verweigerte in Worms den Widerruf seiner Lehren, wurde vom Papst mit dem Bann und vom Kaiser mit der Acht belegt.

Das Reich war von außen bedroht, von den Franzosen, die im Krieg mit dem Kaiser standen, und den Türken, die Belgrad eroberten. Die deutsche Nation war gespalten, zwischen den Anhängern der alten und der neuen Kirchenlehre, zwischen Kaiser und Fürsten, Fürsten und Rittern, Fürsten und Städten, zwischen alten Feudalherren und neuen Handelsherren, Bauern und Grundherren, Handwerkern und Kaufleuten.

Die Geschäfte Jakob Fuggers litten darunter. In seinem Testament bemerkte er, dass »die Läufe in allen Landen beschwerlich«, die Bergwerke in Ungarn durch die Türken bedroht, sogar Verluste in den Geschäften mit Karl V. zu befürchten seien. Denn die »Römisch-Kaiserliche und Hispanisch-Königliche Majestät« war allerorten engagiert und allseits verschuldet, vor allem bei Fugger, der um die Begleichung seiner Auslagen bangte, die er bei der Kaiserwahl dieses Habsburgers gehabt hatte.

Doch Jakob Fugger sorgte sich nicht nur um die Zahlungsfähigkeit Karls V., sondern auch um die Machtstellung des Kaisers und den Fortbestand des Reiches. Und nicht zuletzt um die römisch-katholische Kirche, die seine Kirche war und bleiben sollte. Doch selbst in Augsburg, vor seiner Haustüre, wurde sie herausgefordert – und er mit ihr.

Luthers Verhör durch Kardinal Cajetan im Fuggerhaus, 1518

»Hast du wohl jemals das Grabmal der Fugger zu Augsburg gesehen?«, fragte Ulrich von Hutten in aller Öffentlichkeit, der fahrende Ritter, der mit seiner Feder gegen alles herzog, was Jakob Fugger teuer und heilig war. »Wie ist das Grabmal gebaut? Königlich. Und den Karmelitern trägt es viel ein. Daher umsummen sie es auch täglich mit frommem Murmeln und wundersam tönenden Gebetlein.«

So hatte es Jakob im Stiftsbrief festgelegt: Die Karmeliter-Mönche von St. Anna müssten in der Fuggerschen Grabkapelle täglich eine heilige Messe lesen und jeden Donnerstag ein Amt vor ausgesetztem Sakrament feiern. Jeden ersten Donnerstag des Monats habe eine eucharistische Prozession stattzufinden, und jeden Samstagabend sei ein Salve Regina zu singen.

Doch die Karmeliter von St. Anna waren bereits auf dem Wege zur Reformation. Im Jahre 1518 hatten sie Dr. Martin Luther beherbergt, der im Fuggerhaus dem Abgesandten des Papstes, Kardinal Cajetan, Rede und Antwort stand, auf seinen Lehren beharrte. Im Jahre 1525 spendete in St. Anna der Ex-Prior Johann Frosch das Abendmahl in beiderlei Gestalt, nach lutherischer Art, nachdem er kurz zuvor geheiratet hatte.

In der Fuggerschen Patronatspfarre St. Moritz, gleich neben dem Fuggerhaus, predigte Johann Speiser mit lutherischem Akzent. Der Lesemeister der Barfüßer, Johann Schilling, predigte gegen Rom, den Augsburger Stadtrat und gegen die Fugger. »*Er ließ sich auch*«, wie ein Chronist vermerkte, »*in seinen Predigten hören, als ob alle Dinge gemein sein – allen gehören – sollten. Mit diesen und dergleichen Predigten zog der Mönch viel Volk an sich, der viel lieber mit den Reichen geteilt, als Frieden und das heilige Evangelium in Aufnehmung gesehen.*«

Der reformatorische Funken fiel in ökonomische und soziale Missstände, die wie trockenes Brennholz aufgehäuft waren. »*Innerstädtische Gruppen- und Klassenkonflikte*«, konstatierte der Historiker Heinrich Lutz, »*gab es seit langem. Die Erfolge städtischer Oberschichten in Gewerbe und Handel haben anscheinend im 16. Jahrhundert an vielen Orten zu einer Verschärfung der Gegensätze geführt: Ansteigen der Spitzenvermögen, Konkurrenz zwischen alten und neuen Oberschichten, Zunahme der besitzlosen Unterschichten (in den deutschen Reichsstädten 30 Prozent bis 60 Prozent der Einwohner).*«

Im Goldenen Augsburg, in der Fuggerstadt, traten die Gegensätze noch schärfer als anderswo hervor. Konflikte lagen in der Luft – zwischen Großbürgern und Kleinbürgern, Kaufleuten und Handwerkern, Anhängern des alten Bischofs und dem Publikum der neuen Prediger.

Der Abstand zwischen Vielbesitzenden und Wenigbesitzenden war hier besonders groß, wurde als krass empfunden. Freilich, auch die weniger begüterten Mitbürger, sogar die Habenichtse zogen in gewisser Weise Nutzen aus dem Wohlstand der vielen Wohlhabenden, mehrerer Reicher und weniger ganz Reicher. Peutingers wirtschaftsliberale Theorie fußte auf Beobachtungen in seiner Heimatstadt: je mehr bemittelte Bürger es gab, desto mehr Steuern gingen ein, die im Gemeinwesen auch Minderbemittelten zugute kamen.

Dennoch wurde der soziale Abstand zwischen den Schichten immer größer, und gegen den sozialen Neid war kein Kraut gewachsen. Und mit dem Abstand wuchsen auch Missstände, die soziale Kritik rechtfertigten. So stiegen die Preise für Lebensmittel in eine für eine zunehmende Zahl von Mitbürgern fast unerschwingliche Höhe, vor allem in Jahren, in denen es Missernten gegeben hatte. Für den, der hungerte, machte es keinen Unterschied aus, ob dies göttlichem Ratschluss oder Naturereignissen zuzuschreiben war, oder der Preispolitik des Stadtrates oder der Marktpolitik der Wirtschaftsführer angelastet werden musste.

In Augsburg gab es zahlreiche Weber, die ihren sozialen Abstieg zu beklagen hatten. Sie waren es gewesen, die mit ihrem Handwerk den »goldenen Boden« für das Goldene Augsburg gelegt hatten. Nun fühlten sie sich als Bodensatz behandelt, von jenen ihrer ehemaligen Zunftgenossen, denen es gelungen war, aus der Weberschaft in den Kaufmannsstand aufzusteigen, sogar – wie die Fugger – in den Großkaufmannsstand.

Die Wohlfahrtspflege von Kirche und Stadt war nicht unbeträchtlich. Und auch und gerade die Fugger übten sich in christlicher Caritas; die Fuggerei, die Familienstiftung für bedürftige Mitbürger, nahm in diesen Jahren Gestalt an. Doch das genügte denen nicht, die unter sozialen Missständen litten, und noch weniger jenen, die auf die sozi-

Die Siegel des vom 23. August 1521 datierten Fugger-schen Stiftungs-briefs

alen Ungleichheiten zeigten. Wenn die soziale Unzufriedenheit mit religiöser und geistiger Aufbruchstimmung zusammentraf, sich die gesellschaftliche mit der kirchlichen Bewegung zusammentat, musste es zu Zusammenstößen mit den Inhabern der kirchlichen, staatlichen und gesellschaftlichen Macht kommen. Einen ersten Zusammenprall erlebte Augsburg 1524. Nach einer zündenden, wie die einen, aufwieglerischen, wie die anderen sagten, jedenfalls folgenschweren Predigt von Johann Schilling in der Barfüßerkirche kam es zu einem Tumult. Der Rat – dem Jakob Fugger seit 1520 angehörte – erwirkte die Abberufung des religiöse wie soziale Unruhe stiftenden Predigers. Daraufhin demonstrierten 1 800 Handwerker, vorwiegend Weber und Schneider, vor dem Rathaus, forderten die Aufhebung der Abberufung Schillings. Der erschreckte Rat gab nach.

Das hatte es in Augsburg noch nicht gegeben. Domherren und Kaufherren, auch Jakob Fugger, zogen es vor, bis auf weiteres der Stadt den Rücken zu kehren. Indessen fing sich der Rat schnell, warf sich in Harnisch, setzte Schilling endgültig ab, verbot alle aufrührerischen Reden und ordnungswidrigen Handlungen. Und ließ ein Exempel statuieren, zwei Weber enthaupten, die nicht hören wollten und deshalb fühlen mussten.

Aufstand der Bauern

Jakob Fugger wurde dadurch nicht beruhigt. Er sah sich einer doppelten Revolution gegenüber, einer religiösen und einer sozialen. Und weil er wusste, dass sie zusammenhingen, und weil er wollte, dass die alte Ordnung in Kirche und Gesellschaft erhalten blieb, ging er aus seiner anfänglichen, den Geschäften dienlichen Reserve heraus und machte Front gegen die Reformation und die mit ihr verbundenen sozialen und politischen Bewegungen.

Es war Selbstverteidigung. Martin Luther, der Reformator, forderte die Vertreibung der Händler aus dem Tempel, mehr noch: »Diese Leute sind nicht wert, dass sie Menschen heißen oder unter Leuten wohnen ... Recht täte die weltliche Obrigkeit, dass sie solchen alles nähme, was sie hätten, und triebe sie zum Lande hinaus.«

Der Reformator Luther proklamierte die »Freiheit eines Christenmenschen«: »Ein Christenmensch ist ein freier Herr über alle Dinge und niemand untertan.« Aber auch: »Ein Christenmensch ist ein dienstbarer Knecht aller Dinge und jedermann untertan.« Der zweite Satz wurde zunächst überhört, der erste Satz fand sogleich ein tausendfaches Echo. Der neue Christenmensch, so wollte er sein: frei in seinem Gewissen und seinem Glauben, frei nicht nur von geistiger und geistlicher, sondern auch von gesellschaftlicher und staatlicher Bevormundung, weder untertan dem Papst, der seinen kirchlichen Vorrang missbrauche, noch untertan den weltlichen Herren, die ihre Vorrechte ausnützten.

So deuteten es jedenfalls religiöse wie soziale Neuerer und Anhänger des Alten, wie Jakob Fugger, der Martin Luther für alles verantwortlich

Pamphilus Gengenbach, Der Bundschuh, 1514

machte: So dafür, dass es in Kürze dahin kommen könnte, »dass man im größten Teile Deutschlands nicht mehr weiß, dass es Gott, die Heiligen, die heilige Mutter die Kirche gibt, so sehr ich alles Menschenmögliche zur Ausrottung dieser Sekte getan habe«.

Für Jakob Fugger war und blieb »Luther dieser Aufruhr, Empörung und Blutvergießen in deutscher Nation ein Anfang und Ursächer, wiewohl er es jetzt vielleicht gerne wieder herumgebracht, so es versäumt ist«.

Der Bauernaufstand war gemeint, den Luther im Nachhinein und Fugger von vorneherein verurteilte. Im Jahre 1524 erhoben sich Bauern in Deutschland, zuerst an der Grenze zur Schweizer Eidgenossenschaft, bald darauf in Oberschwaben. In Memmingen trafen sich die Abgesandten der drei Haufen, der Allgäuer, der Bodenseer und der Baltringer.

Sebastian Lotzer, ein Memminger Kürschnergeselle, entwarf im Jahre 1525 die »Zwölf Artikel« der Bauernschaft in Schwaben, mit gemäßigten Forderungen: Einerseits »ist der Brauch gewesen, dass man uns für Eigenleute gehalten, welches zum Erbarmen ist angesichts dessen, dass uns Christus alle mit seinem kostbaren Blut erlöst hat. Darum ergibt sich aus der Schrift, dass wir frei sein sollen«. Andererseits: »Nicht dass wir ganz frei sein und keine Obrigkeit mehr haben wollen, das lehrt uns Gott nicht.«

Diese Christenmenschen wollten nicht mehr leibeigen sein, sondern frei auf ihrer Scholle und dabei – im Doppelsinn der Lutherschen Formulierung – der Obrigkeit untertan bleiben. Obgleich diese schwäbischen Bauern die Forderungen nicht übertrieben, erschienen diese ihren Grundherren, den weltlichen wie den geistlichen, als unerhörte Eingriffe in überkommene Rechte und Vorrechte.

Jakob Fugger war doppelt betroffen: als Repräsentant der Geldwirtschaft, gegen die sich das Fußvolk der Agrarwirtschaft stellte und als Grundbesitzer im Schwäbischen, als Feudalherr, dem Bauern die Leibeigenschaft und die damit verbundenen Leistungen aufkündigen wollten. Er wandte sich dagegen: »Wohl hat man allenthalben mit dem Glauben viel zu schaffen, dass der gemeine Pöbel gerne reich wollte werden und niemand arbeiten. Die Bauern wollten zinsfrei sein.«

War Jakob Fugger ein verachtenswerter Feudalherr, ein Bauernschinder wie viele seiner Standesgenossen? Sein Biograph Götz von Pölnitz verneint diese Frage: »*Wenn jemand als Grundherr eine Art menschlicher Haltung gegenüber Untertanen und Hintersassen einnahm, dann war es dieser Kaufherr. Ihre Zahl war nicht gering, obschon die Summe von Naturalabgaben und Barleistungen, gemessen an sonstigen Fuggerschen Einkünften, kaum ins Gewicht fielen.*«

Die Fuggerschen Bauern, fährt Pölnitz fort, seien verständnisvoll behandelt worden. »Leibeigene, die den Wunsch äußerten, in die Stadt zu ziehen, um sich dort als Handwerker anzusiedeln, fanden stets die Einwilligung der Fuggerschen Herrschaft. Zum Unterschied von kapitalbedürftigen Kleinfürsten oder verarmten Rittern kam es für ihn gar nicht darauf an, jeweils das Letzte aus seinen Gütern herauszuholen.«

Es kam ihm nicht darauf an, doch

es ging ihm ums Prinzip. Leibeigene waren Leibeigene, Untertanen waren Untertanen und sollten es bleiben. Die alte Ordnung, meinte er, wäre in wesentlichen Teilen zerstört worden, wenn er und seinesgleichen den in den »Zwölf Artikeln« enthaltenen Forderungen nachgegeben hätten. Denn in ihnen klang all das zusammen, was seine Welt bedrohte – das Reformatorische, das Antikapitalistische, das Sozialrevolutionäre.

Schon wurde nicht nur radikal gesprochen, sondern auch radikal gehandelt. »Das machen nun die neuen Prediger«, bemerkte Jakob Fugger im Jahre 1525, »die da predigen, man solle auf Menschengebot nicht achten. Das haben die Bauern gewollt, haben auf ihre Herren nicht mehr achten wollen.«

Als es im Frühjahr 1525 zu Plünderungen von Schlössern und Klöstern kam, zog der Schwäbische Bund, die zur Aufrechterhaltung des Landfriedens verpflichtete Vereinigung der schwäbischen Stände, gegen die aufrührerischen Bauern zu Felde – mit Fuggerscher Finanzhilfe. Bereits im Herbst 1524 hatte Jakob den Erzherzog Ferdinand bei der Niederwerfung der Stühlinger Bauern unterstützt. Er machte auch daraus ein Geschäft. Ferdinand erhielt Darlehen für den Bauernkrieg nur gegen entsprechende Gegenleistungen. Schwäbische Grundherren bekamen gegen Verpfändung von Hab und Gut die erforderlichen Kredite zur Bekämpfung ihrer Leibeigenen. Fugger engagierte sich freilich nicht nur aus Gewinnstreben. Er wusste, dass die soziale Bewegung auch gegen seine Grundherrschaft, vor allem aber gegen sein Montangeschäft gerichtet war.

Petrarcameister, Bauern umzingeln einen Ritter, 1532

Aufruhr der Bergleute

Ein Zusammengehen von schwäbischen Bauern und Augsburger Handwerkern war zu befürchten. Schon hatten Knappen seiner Tiroler Bergwerke gemeinsame Sache mit Tiroler Bauern gemacht. Sie forderten die Enteignung Fuggers und anderer Montanherren.

Das war die alarmierende Begründung: Die Monopole hätten »die ganze Welt mit ihrem unchristlichen Wucher beschwert und sich dadurch ihr fürstliches Vermögen aufgerichtet, was denn billigerweise gestraft und abgestellt werden sollte«.

Die Bauernaufstände – in Schwaben und Franken, im Elsass und in Thüringen, in Tirol und Salzburg – wurden blutig niedergeschlagen. Auch Jakob Fugger »pazifizierte« seine Territorien. Es mochte ihm lieber sein, wenn Aufmüpfige selber zur Einsicht kamen, sich unterwarfen und tätige Reue übten. Wo dies nicht der Fall war, wurde durch Söldner nachgeholfen, Vergeltung geübt. Manche Dörfer, beispielsweise Kettershausen, wurden hart gestraft. Zu weit ließ er es dabei nicht kommen, weil er seine Bauern, die in alte Untertänigkeit zurückgeführten Leibeigenen, ja noch brauchte.

Wichtiger und schwieriger war es, mit den revoltierenden Bergleuten fertig zu werden. Hier stand für Fugger weit mehr auf dem Spiel als in seinen schwäbischen Grundherrschaften, die jährlich kaum über 3 000 Gulden eintrugen, womit die Summe, die er zum Kauf aufwenden hatte müssen, nicht einmal mit 3 Prozent verzinst war. Ein Vielfaches an Gewinn zog er aus seinen Bergwerken: »*In einem Jahr mehr, als ich achten mag, Metall erbaut wird, Gold, Silber, Kupfer, Zinn, Blei, Quecksilber etcetera, um 20 bis 25mal hunderttausend Gulden. Es ist keine größere Gabe, dass ich glaube, in aller Welt samt dem großen Volk, das sich darob nährt.*« Doch ein großer Teil seines Volkes, seiner Bergarbeiterschaft, wollte sich besser nähren, vom Bergsegen mehr als bisher abbekommen. Seinen Knappen ging es nicht schlecht, sogar – verglichen mit anderen Schichten der arbeitenden Bevölkerung ganz gut.

Tirol war das Kalifornien des 16. Jahrhunderts. Der Markt Schwaz beispielsweise zählte so viele Einwohner wie eine größere Reichsstadt. Tausende von Menschen lebten vom Bergbau, der seinen Mann durchaus ernährte, wie allein der wöchentliche Fleischverbrauch von neunzig bis hundert Ochsen andeutete. Doch die hart und gefährlich arbeitenden Bergleute wollten bessere Arbeitsbedingungen, mehr Lohn und Mitsprache.

Schon hatten die Knappen Standesvertretungen, die mehr und mehr verlangten, schon um zu beweisen, dass sie zu etwas nütze waren. 1525, im Jahre des religiösen Aufbruchs und der sozialen Bewegung, kam es in Tirol zu Arbeiterunruhen.

Das revolutionäre Ziel hatte der Bauernführer Michael Gaismaier umrissen: Es seien die Schmelzhütten, Bergwerke, Erze, Silber, Kupfer und Zubehör, »*so dem Adel und ausländischen Kaufleuten und Gesellschaften, als Fuggerisch, Höchstetterisch, Paumgartnerisch, Pimmelisch und dergleichen zugehört, zu gemeinen Landes Händen einzuziehen; denn sie solches billig verwirkt haben; denn sie haben solche ihre Gerechtigkeit mit Unrecht erlangt, Geld zu Vergießen menschlichen Blutes, desgleichen gemeinen Mannes und Arbeiter mit Betrug und böser Ware an bösem Geld geschädigt*«.

Die landesfürstliche Obrigkeit hielt zu den Unternehmern, der Habsburger Ferdinand zum Augsburger Jakob Fugger. Mit den Waffen des einen und dem Geld des anderen wurden auch in Tirol die herkömmliche Ordnung und das geltende Gesetz wiederhergestellt. Die Volksbewegung sei, wie Fugger bemerkte, zwar »hart gestillt«, doch keineswegs aus der Welt geschafft worden. »Ich weiß nicht, was da werden will. Hab Sorge, es werde nicht viel helfen.«

In Ungarn stieg für Fugger eine neue, eine noch größere Gefahr auf. Denn hier wurde die Volksbewegung nicht von der Obrigkeit im Verein mit den Unternehmern »hart gestillt«, sondern vom Fürsten gegen die ausländischen Gesellschaften benützt – nicht zum Nutzen des Volkes, sondern zum Vorteil des Thrones. Mit der Allianz von Krone und Kapital war die Ordnungsvorstellung wie die Geschäftsgrundlage Fuggers in Frage gestellt.

Krisenzeichen in Ungarn gab es seit Jahren. Hier regierte König Ludwig II. Er war zwar mit einer Österreicherin verheiratet, doch das Bündnis des Augsburgers mit dem Habsburger hatte sich hier als Belastung erwiesen. Viele Magyaren wollten die Stefanskrone im Lande behalten, sie nicht, wie durch Heiratspolitik eingefädelt, an Österreich fallen lassen. Erwachender Nationalismus und aufkom-

Bergbau im 16. Jahrhundert, Vorbereitung des Erzes

Der Karrenläufer, der das Haufwerk heranfährt A. Das erſte Gerinne B. Das erſte Kaſtenſieb C. Seine Handhaben D. Deſſen Bögen E. Der Strick F. Der Balken G. Die Säule H. Das ʒweite Gerinne I. Das ʒweite Kaſtenſieb K. Das dritte Gerinne L. Das dritte Kaſtenſieb M. Die erſte Bühne N. Das erſte Handſieb O. Das erſte Faß P. Die ʒweite Bühne Q. Das ʒweite Handſieb R. Das ʒweite Faß S. Die dritte Bühne T. Das dritte Handſieb V. Das dritte Faß X. Der Spund Y.

Taler des Maximilian Fugger (1587-1629), geprägt 1621 in Babenhausen

mender Antikapitalismus gingen eine Koalition ein.

Jakob Fugger versuchte ihr entgegenzuwirken. Als in Neusohl seine Bergleute streikten, erhielten sie eine Lohnerhöhung um hundert Prozent. Ungarische Würdenträger bekamen Geldgeschenke. Doch die Rufe, den deutschen Kapitalisten aus dem Ungarnland zu entfernen, wurden lauter. Schließlich ging eine aufgestachelte Menge in Ofen auf die Straße – Fuggers Faktor, der in der Königsburg Schutz suchen wollte, wurde dort ins Gefängnis gesteckt. Der König ließ das Vermögen der Firma in Ungarn beschlagnahmen, Bargeld, Silbergeschirr, Waren, Liegenschaften und Bergwerke. Mit einem Schlag hatte er seine Schulden los, sich ungemein bereichert.

In Augsburg berechnete Jakob Fugger den Verlust auf eine halbe Million Gulden. Solche »Bübereien« – wie er es nannte – durfte er nicht hinnehmen. Er protestierte gegen den Rechtsbruch bei Kaiser und Papst, beim Erzherzog Ferdinand und beim Reichsregiment, bei Gott und der Welt: Denn »es sind ja große Sachen, dass man einem also das Seine nehmen soll mit einer solchen Gewalt«.

Fugger wollte eine Handelsblockade gegen Ungarn verhängen lassen – durch jene Fürsten, die ihn nach wie vor brauchten, nicht im Stich lassen durften. Sie taten auch einiges, aber nicht rasch und nachhaltig genug. Der Kampf um sein Recht und seinen Besitz verzehrte Jakobs letzte Kräfte. Die Wiedergutmachung in Ungarn sollte er nicht mehr erleben.

Ein Sarg aus Fichtenbrettern

Jakob Fugger der Reiche legte sich zum Sterben nieder. Als am 19. Dezember 1525 Erzherzog Ferdinand, der Stellvertreter des Kaisers, in Augsburg einzog, ließ er Trompeten und Pauken schweigen, zog still am Fuggerhaus vorüber. Am 22. Dezember setzte Jakob seinen Neffen Anton als Nachfolger ein. Sein letztes Problem war die Bestimmung seiner Begräbnisstätte. Durfte er, der rechtgläubige Katholik, sich in seiner Kapelle in St. Anna, das lutherisch zu werden drohte, beisetzen lassen? Es gelang ihm, die Zukunft der Stiftung und damit seine Grabesruhe zu sichern.

Nun konnte der Sechsundsechzigjährige getrost die Augen schließen, am 30. Dezember 1525, »mit Versehung alter Sakramente« – wie es in einer Todesanzeige hieß – »christlich und vernünftig, auch redbar bis an sein Ende, dazu mit zeitlicher Verordnung seines Letzten Willens.«

Der Leichnam wurde in grobes Tuch eingeschlagen, in einen Sarg aus Fichtenbrettern gelegt, im Gruftgewölbe beigesetzt.

Auf das Epitaph in der prachtvollen Kapelle darüber wurde geschrieben: »Jakob Fugger aus Augsburg, Zierde seines ganzen Standes und Volkes, Maximilians und Kaiser Karls V. Kaiserlicher Rat ... Wie er bei Lebzeiten niemanden zu vergleichen war, fand er nach seinem Tod unter den Sterblichen nicht seinesgleichen.« Es war eine Inschrift im Geiste der Renaissance, für eine Persönlichkeit, die im rühmenden Gedächtnis dieser Welt bleiben wollte. Das schlichte Grab darunter verweist auf die tiefere Schicht eines spätmittelalterlichen Menschen, ebenso wie der Nachruf des Chronisten Klemens Sender: »*Herr Jakob Fugger ist ein guter, wahrer und rechter Christ gewesen und wider die Lutherei ... Der Papst hat ihn als seinen lieben Sohn begrüßt und empfangen. Die Kardinäle sind vor ihm aufgestanden ... und die Heiden haben sich ob ihm verwundert.*«

Als Prototyp eines Frühkapitalisten lebte er im Gedächtnis vieler Menschen und einiger Sprachen weiter. Im Deutschen bedeutet »Fuggern« soviel wie »Geschäftemachen«. In den Niederlanden nennt man einen Vermögenden »‘nen rijken Fokker«. Spanier sprechen von »fucar«. Ein Augsburger Weber vermöge das alles zu bezahlen, bemerkte, als er den Kronschatz des französischen Königs Franz I. zu Gesicht bekam, Kaiser Karl V., der vom Reichtum Fuggers auch weiterhin profitieren, auch mit Jakobs Nachfolger Geschäfte machen wollte.

Der Habsburger ließ der Firma fürderhin Protektion angedeihen, versicherte sie seines Wohlwollens und seiner Dankbarkeit, sprach seine Anerkennung dem Hause Fugger aus,

Christoph Amberger, Bildnis Karl V.

das »weiland Kaiser Maximilian, Unseres Herrn und Ahnherrn selig, als Uns selbst, dazu der hochgeborenen Fürsten, Unseres freundlichen lieben Bruders Don Ferdinand, Infanten in Hispanien und Erzherzog zu Österreich, desgleichen weiland Erzherzog Sigismund zu durchaus Unseres Hauses Österreich Ehre, Wohlfahrt und Nutzen und Aufnehmen mit vielfältigen nützlichen und ersprießlichen untertänigen Erzeigungen, auch zu jeder Zeit großen Darstreckungen und Mitteilungen des Ihren nach allem ihrem Vermögen und etwa in großen Nöten auch zur Rettung von Land und Leuten viele Jahre her und zu mehreren Malen gefördert, auch sonst denselben andere vielfältige, untertänige und gehorsame, getreue Dienste unverdrossen bewiesen«. Kaiser Karl V. bestätigte die Bergbaurechte und Handelsprivilegien der Firma, erneuerte die Allianz von Habsburg und Fugger, das Bündnis von Krone und Kapital zu beiderseitigem Nutz und Frommen. Unter Maximilian I. war es geschlossen worden, hatte beiden Partnern zum Aufstieg verholfen, die Habsburger auf den Höhepunkt ihrer Macht und die Fugger auf den Gipfel ihres Einflusses geführt. Nun hatte eine neue Zeit an dem Erreichten zu rütteln begonnen, an den tragenden Säulen der alten Zeit, Kaiser, Kirche und Kapital.

Schon war die Kirche gespalten, der Kaiser durch innere Gegner und äußere Feinde geschwächt. Und das Kapital, obwohl eine zukunftsträchtige Komponente in dieser Koalition, jedoch mit den alten Gewalten verbunden und verkettet, wurde in den Niedergang der alten Ordnungsmächte mit hineingezogen.

Von allen Gefahren, die Fugger in dieser Epoche des Umbruchs drohten, war die größte jene, die ihm aus der Compagnie mit den Habsburgern erwuchs. Deren abnehmende politische Macht und zunehmende Finanzmisere mussten ihrem Compagnon steigende Verluste bringen.

Sebastian Loscher, Teil des linken Außen-Epitaphs Jakob Fuggers in der Fugger-Kapelle bei St. Anna, Augsburg

Anton Fugger

Vorerst schien es geschäftlich noch aufwärts zu gehen, unter Jakobs Nachfolger Anton, unter dem – im Jahre 1546 – das Gesellschaftsvermögen seinen höchsten Stand erreichen sollte: 5 Millionen Gulden. Doch dies war die Peripetie, der Höhepunkt und zugleich der Beginn des Niederganges. Im selben Jahre 1546 musste die Firma wegen der deutschen Wirren ihren Sitz vorübergehend von Augsburg nach Schwaz verlegen, begann die Verminderung des Vermögens durch gesteigerte Kriegskredite für Karl V., wurde mit der Auflösung des immer weniger Gewinn einbringenden Faktoreisystems in Osteuropa und mit der Einstellung des Bergwerkgeschäftes in Ungarn begonnen.

Anton Fugger, der mit zweiunddreißig an die Stelle seines Onkels Jakob trat, war ein würdiger und fähiger Nachfolger. Indessen besaß er nicht die Statur seines Vorgängers, war ein Repräsentant der zweiten Generation, die zwar noch erwarb, aber schon zu genießen begann.

Der 1493 geborene Neffe war ein Sohn von Jakobs älterem Bruder Georg. Unter seinen älteren Brüdern Markus und Raymund sowie den Söhnen von Jakobs ältestem Bruder, Ulrich, Hieronymus und Ulrich, bevorzugt, war Anton als Kronprinz behandelt, als Nachfolger geschult, härter als die anderen hergenommen worden – in der Augsburger Zentrale wie auf Außenposten, in Nürnberg und Breslau, Krakau und Wien, Budapest und Schwaz, als »Handelsdiener« mit einem Gehalt wie jeder andere.

Anton Fugger hatte es verstanden, sich dem Willen des Onkels zu beugen, Gehorsam zu erweisen und Leistung zu erbringen. Talent hatte er ohnehin. Sechs wichtige Lehrjahre absolvierte er in Rom, in der Stadt der Renaissance und des Humanismus, geistlicher, politischer und finanzieller Macht. Elastischer als sein Onkel, dem Mittelalter ferner und der Neuzeit näher, setzte der Neffe auf Ausgleich.

Zunächst machte er Inventur. Er prüfte die Bücher der Augsburger Zentrale, der Großfaktoreien in Venedig, Rom, Antwerpen, Nürnberg und Breslau, der Faktoreien in Schwaz, Bozen, Fuggerau, Wien, Leipzig, Hohenkirchen, Ofen, Neusohl, Köln, Frankfurt am Main, der spanischen Faktoreien und der Hoffaktorei. Die Gesamtabrechnung ergab Einnahmen in Höhe von 3 Millionen 588 Gulden, 19 Kreuzern und 6 Pfennigen. Diesen Einnahmen standen Ausgaben in Höhe von 867 797 Gulden, 1 Kreuzer und 4 Pfennigen gegenüber. An Vermögen verblieben der Firma also 2 132 791 Gulden, 18 Kreuzer und 2 Heller. Das Warenkonto in den Faktoreien betrug 380 000 Gulden – meist Kupfer, auch Silber, ferner Messing und Textilien. Was die Bergwerke betraf, so entfielen auf Tirol 60 000 Gulden, auf Ungarn 210 000 Gulden. Allein Erzherzog Ferdinand stand mit 910 460 Gulden in der Kreide, eine Schuld, die durch Verpfändungen einigermaßen abgesichert worden war.

Die Anfänge des neuen Firmenleiters waren viel versprechend. Im Jahre 1526 kam der Restitutionsvertrag mit Ungarn zustande, wurden die dortigen Bergwerke zurückgegeben. Im selben Jahr erhielt Anton das Grafenprivileg vom Kaiser, der Kredit auf Kredit kassierte: 1526 Darlehen für den Türkenkrieg, 1527 Finanzierung der Erhebung Erzherzogs Ferdinands zum König von Böhmen und Ungarn, 1529 Unterstützung der Verteidigung Wiens gegen die Türken, 1530 Finanzierung der Kaiserkrönung Karls V. in Bologna und 1531 der Frankfurter Königswahl Ferdinands I., 1534 Unterstützung des Feldzuges gegen Württemberg, 1535 gegen Tunis und Algier, 1538 gegen Frankreich, im Jahre einer Großanleihe für Karl V. – und so weiter und so fort.

Auch das Gegengeschäft florierte weiterhin, bis auf weiteres. Der Siebenbürgener Salzvertrag kam zustande, Fugger erhielt ein kaiserliches Münzprivileg, die Maestrazgos-Pacht in Spanien wurde erneuert, die ungarische Pacht verlängert. Selbst am Sacco di Roma, der Plünderung der päpstlichen Stadt durch kaiserliche Landsknechte, verdiente Fugger; über seine römische Niederlassung wurden Beuteerlöse nach Deutschland überwiesen. Das hatte freilich zur Folge, dass nach dem Abzug der Kaiserlichen die Fuggersche Faktorei in der »Ewigen Stadt« geschlossen werden musste.

Im Notfall und im Zweifelsfall setzte Anton Fugger nicht auf den Papst, sondern auf den Kaiser, der ihm näher stand und mehr zu bieten hatte, vor allem in Spanien und in Übersee. Jakobs Gesichtskreis und Geschäftsbereich waren auf die Alte Welt begrenzt geblieben – Anton griff in die Neue Welt, dem Modernen aufgeschlossener, vom Zeitgeist erfasst, neuen Gewinnchancen zugewandt.

Hans Maler, Anton Fugger (1493-1560)

Geschäfte mit der Neuen Welt

Das Zeitalter der Entdeckungen war in ein Zeitalter der Nutzbarmachung und der Ausbeutung des Entdeckten übergegangen.

Zunächst war der Seeweg nach Indien gesucht und dabei der Seeweg nach Amerika gefunden worden. Im Jahre 1492 betrat der in spanischen Diensten stehende Genuese Christoph Kolumbus Amerika, das seinen Namen nach dem Florentiner Amerigo Vespucci erhielt, der nach Südamerika vorgestoßen war. Auch der Seeweg nach Ostindien wurde entdeckt, vom Portugiesen Vasco da Gama. Sein Landsmann Ferdinand Magalhães unternahm 1519 die erste Weltumsegelung, die dann sein Steuermann Sebastian del Cano abschließen sollte.

Die Conquista begann, die Eroberung Mittel- und Südamerikas, das bald Lateinamerika hieß. Vor allem die Spanier wollten Land nehmen, Gold gewinnen, den Handel ausweiten – aber auch Heiden bekehren, das christliche Abendland auf neue Kontinente ausdehnen. Bei Conquistadoren überwog die Goldgier den Missionseifer. Cortez unterwarf Mexiko und Pizzaro Peru mit grausamen Methoden und zu eigennützigen Zwecken.

Die Folge war ein Aufschwung der den Atlantik befahrenden Nationen, zunächst Spaniens und Portugals. Und eine Umorientierung des Handels. Das Schwergewicht verlagerte sich vom Mittelmeerraum auf Südwest- und Westeuropa. Der Kolonialhandel wurde immer wichtiger. Wer mithalten wollte, musste sich umstellen, auf die neuen Gegebenheiten einstellen. Das wollte Anton Fugger: in Spanien stärker einsteigen, dessen Handelsrouten ausnützen, an der Eroberung der Neuen Welt teilnehmen, von ihren Schätzen profitieren – in Südamerika, wo die Konkurrenten, die Welser, bereits saßen.

Südamerika, Ausschnitt aus der Weltkarte des Jacopo Gastaldi, Venedig 1560, mit Bezeichnung des Welser-Einflussgebiets (»Los Belzares«)

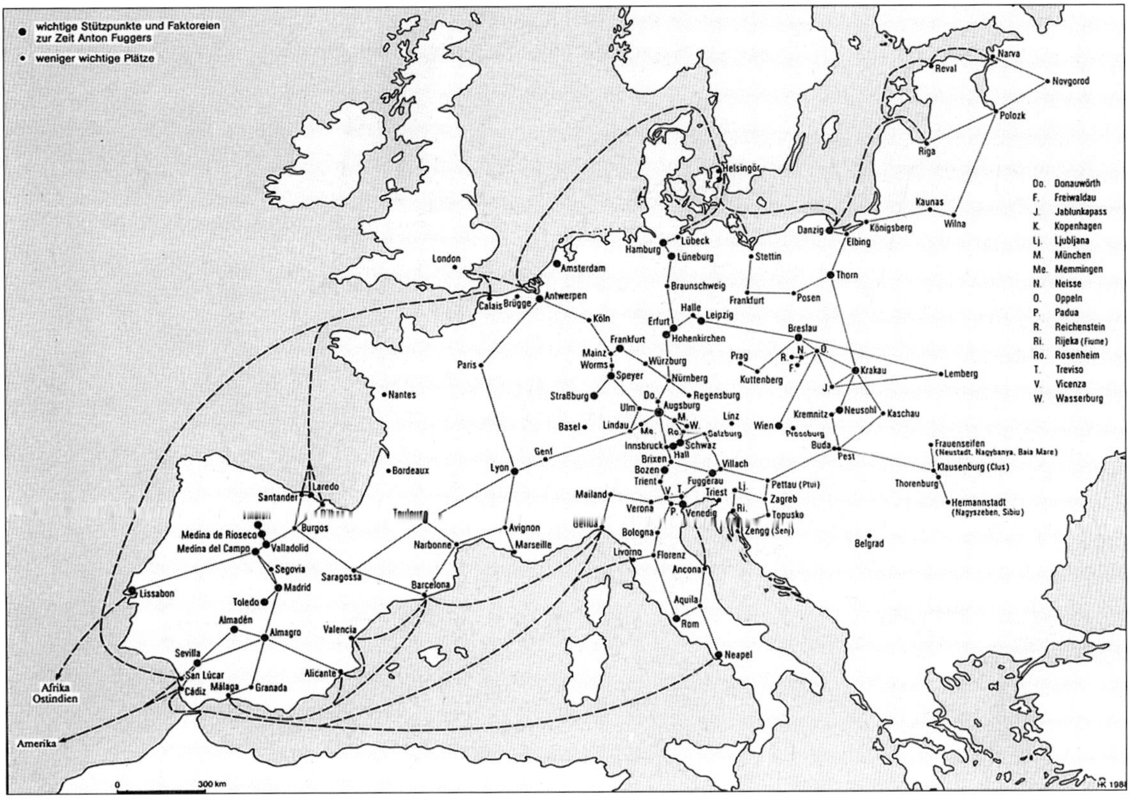

Niederlassungen und Handelsverbindungen zur Zeit Anton Fuggers

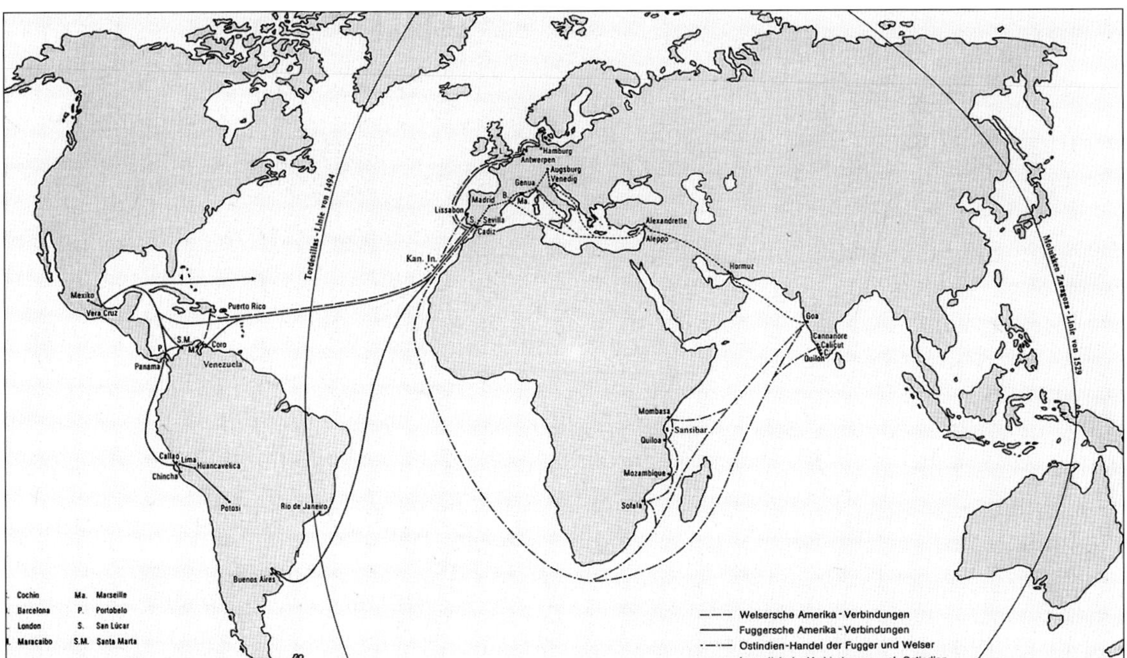

Überseeische Verbindungen der Fugger und Welser

Das Augsburger Handelshaus der Welser hatte bedeutende Summen in eine Conquista großen Stils gesteckt. Von den Firmeninhabern setzte zwar keiner einen Fuß in die Neue Welt. Sie ließen sich von Faktoren vertreten, von den Ehingern, ihren Konstanzer Compagnons. Sie wollten nicht nur Kolonialhandel treiben, sondern auch kolonisieren – in Venezuela. Dorthin schickten sie Schiffe mit Siedlern und Soldaten. Ambrosius Ehinger wurde der erste Gouverneur von Venezuela, des südamerikanischen Landes, das den Welsern zwar zugesprochen worden war, das jedoch erst abgesteckt und erschlossen werden musste.

Anton Fugger wollte der Konkurrenz nicht allein das Feld überlassen. Er stieg in das Südamerika-Geschäft ein, doch vorsichtiger als die Welser. Im Jahre 1532 beschaffte er sich von der spanischen Krone einen Kolonialpachtvertrag für Chile und das südliche Peru. Dem Augsburger Conquistador wurden erbliche Besitz- und Ehrenrechte in dem zu erobernden und zu erschließenden Gebiet eingeräumt. So sollte er Gouverneure und Generalkapitäne ernennen, Ämter besetzen, feste Plätze errichten und ein Fünfzehntel des gewonnenen Landes für sich behalten dürfen, freilich nicht mehr als 30 Quadratmeilen.

Wichtiger erschienen Fugger nicht die Möglichkeiten einer Landgewinnung, sondern die Chancen einer Geschäftsausweitung. Im Unterschied zu Welser legte er das Gewicht auf den Kolonialhandel, nicht auf die Kolonisierung.

So blieb den Fuggern ein dramatisches Scheitern wie den Welsern in Venezuela erspart. Aber auch sie gewannen nicht das, was sie sich erhofft hatten. Sie waren die Verpflichtung eingegangen, die erforderlichen Flotten zu entsenden, die notwendigen Mannschaften aufzubringen. Doch schon das erste Schiff erreichte das Ziel nicht, erlitt Schiffbruch im Atlantik. Die Annahme, es gebe in Mittelamerika so etwas wie einen natürlichen Panamakanal, durch den man schneller und leichter auf die Westseite des Kontinents gelangen könnte, stellte sich als falsch heraus. Kap Hoorn, an der Südspitze Südamerikas, erwies sich als fast unumschiffbar.

Anton war kein Abenteurer. Er zog sich aus dem problematischen Kolonialgeschäft zurück. Den Pionier wollte er nicht spielen, der Einsatz war ihm zu hoch, der Gewinn zu problematisch. Mit Folgen der Conquista – positiven wie negativen – hatte er zu rechnen.

Aus der Neuen Welt kamen neue Früchte wie Tomate und Banane, neue Nahrungsmittel wie Kartoffel und Mais, und eine neue Krankheit, die Syphilis. Ein Gegner der Fugger wie Ulrich von Hutten litt darunter, aber auch so mancher Augsburger. Für Syphiliskranke wurde in der Fuggerei das sogenannte »Holzhaus« eingerichtet, in dem man die »amerikanische Krankheit« mit Kuren aus Extrakten des amerikanischen Guajakholzes zu bekämpfen suchte. Die Kur war kostenlos, doch musste jeder, der sie in Anspruch nahm, vorher gebeichtet und kommuniziert haben.

Das amerikanische Gold brachte Segen wie Fluch. Einerseits wurde die Ausbreitung der Geldwirtschaft dadurch gefördert, der Frühkapitalismus

Kompass von Christoph Schißler, 1557, für Ulrich Fugger (1526-1584)

ermöglicht, was Fugger nur recht sein konnte. Andererseits wurden, was der Kulturhistoriker Egon Friedell beklagte, »die Unterschiede zwischen arm und reich maßlos gesteigert und eine allgemeine Teuerung erzeugt, mit der die Löhne nicht Schritt halten konnten: in der ersten Hälfte des 16. Jahrhunderts stiegen die Preise um hundert und hundertfünfzig, bei einzelnen Artikeln sogar um zweihundert und zweihundertfünfzig Prozent«.
Verurteilt wurde auch der Gewinn, den Europäer aus dem Sklavenhandel zwischen Afrika und Amerika zu ziehen begannen. Auch Fugger war am »Negerhandel« beteiligt, spätestens seit 1536. Das Kopfgeld von fünf Dukaten für jeden Schwarzen, der in die spanischen Kolonien verfrachtet wurde, war auf 6½ Dukaten angehoben worden. Davon war direkt zu profitieren und indirekt: Die Fuggersche Agentur in Santo Domingo konnte nicht nur an Menschenfrachten aus Afrika verdienen, sondern auch an den Waren, die auf den zurücksegelnden Transportschiffen geliefert wurden.
»Das Fehlen einschlägiger Hinweise in Antons Geschäftspapieren darf in der Weise verstanden werden, dass die Zentrale sich mit der delikaten Sache gar nicht selbst befasste«, kommentierte Götz von Pölnitz, der nicht nur eine zweibändige Biographie über Jakob Fugger, sondern auch eine vierbändige Biographie, das Standardwerk über Anton Fugger, schrieb. »Trotzdem bleibt eine gewisse Verantwortung ungemindert bestehen. Man

muss sich fragen, wie Anton, der sich zum Ideal eines Erasmianischen Humanismus bekannte, diese trug. Entlastete der Kaufherr sein Gewissen mit dem gängigen Argument, man wolle das sonst unvermeidbare Aussterben der Indios, die dem technisierten Bergbau erlagen, durch Einsatz von Negern verhindern? Oder stand in der Blüte der deutschen Großwirtschaft ähnlich wie bei staatlichen Behörden des 16. Jahrhunderts die Rentabilität eines Geschäftes höher im Kurs als seine Moral?«

Kaiser wie Kaufherrn scheint die Unmoral des Sklavenhandels »wenig beunruhigt zu haben«, bemerkte Pölnitz.

Man hatte mit der Antike auch den Spruch wiederentdeckt: Non olet – es, nämlich Geld, stinke nicht. Der römische Kaiser Vespasian soll mit diesem Wort dem Vorwurf seines Sohnes Titus, eine Steuer auf die Latrinen gelegt zu haben, begegnet sein.

Fugger verdiente an anrüchigen Geschäften, er steckte aber auch Geld in Unternehmungen, die dem Kaiser zugute kamen und Gott wohlgefällig sein konnten – wie nicht nur er selber, sondern auch so mancher Zeitgenosse meinte.

Finanzierte er nicht die Abwehr der heidnischen Türken, die bis vor die Tore Wiens vorgedrungen waren, das christliche Abendland und Fuggersche Bergwerke bedrohten? Und schon wurde Fuggersches Kapital in die beginnende Gegenreformation investiert – in den Versuch des Kaisers, die protestantischen Fürsten zurückzudrängen, und in das Vorhaben des Papsttums, die alte Kirche zu reorganisieren und zu regenerieren.

Schloss Babenhausen, Ansicht von 1764

Reformation und Gegenreformation

Die Geschäftsverbindung mit dem Habsburger war eine zweischneidige Sache. Der Augsburger hatte daran verdient, profitierte davon immer noch. Zurückziehen aus diesem Geschäft konnte er sich nicht, wollte es auch nicht. Je länger er aber mit dem Kaiser verbunden blieb, desto größer wurde die Gefahr, dass ein Scheitern der habsburgischen Reichspolitik und Kirchenpolitik die Firma Fugger in Mitleidenschaft zog.

Ohnehin verminderte sich der Einfluss Anton Fuggers auf den römischen Kaiser Karl V. und vor allem auf den deutschen König Ferdinand I. Damit verringerte sich auch seine Chance, die Politik im Sinne und zum Zwecke des Geschäftes zu beeinflussen.

Die Gewichte verschoben sich zuungunsten des römischen Kaisers und der römischen Kirche. Das zeigte sich auf dem Augsburger Reichstag von 1530. Karl V. hatte ihn in der Hoffnung einberufen, mit einer Verständigung zwischen Katholiken und Protestanten die Reichseinheit wiederherstellen zu können. Es kamen protestantische Fürsten wie Johann von Sachsen und Philipp von Hessen, katholische Fürsten wie Wilhelm und Ludwig von Baiern. Der Papst schickte den Legaten Campeggi. Luther blieb fern, ließ sich von Philipp Melanchthon vertreten.

Die Spaltung in Kirche und Reich wurde vertieft. In der Pfalz des Bischofs von Augsburg übergab der kursächsische Kanzler Baier Kaiser und Reichstag die »*Confessio Augustana*«, die Bekenntnisschrift der Lutheraner »Augsburgischer Konfession«. Katholische Theologen verfassten eine Erwiderung, die »Confutatio«. Evangelische Theologen antworteten mit der »Apologie«. Der konfessionelle wie politische Konflikt verschärfte sich. Der Reichstag von 1530 brachte nicht nur eine Bekräftigung des

Philipp Melanchthon und die Confessio Augustana, um 1550

Tizian, Kaiser Karl V. bei der Schlacht bei Mühlberg, 1547

lutherischen Bekenntnisses, sondern auch eine Stärkung der deutschen Teilgewalten. 1531 schlossen die protestantischen Stände in Schmalkalden in Thüringen ein Bündnis gegen Kaiser und Papst.

Vergebens hatte der Augsburger Bischof Christoph von Stadion, ein auf Ausgleich bedachter Humanist, zu vermitteln versucht. Im Reich wie in der Reichsstadt verhärteten sich die Fronten. Der Rat der Stadt lehnte den mit der Mehrheit der katholischen Stände gefassten Reichstagsbeschluss

von 1530 ab, der ein Konzil zwecks Kirchenreform verlangte und die »Augsburgische Konfession« für widerlegt erklärte. Die Reichsstadt öffnete der Reformation die Tore.

Der Rat berief protestantische Geistliche der zwinglischen Richtung. Im Jahre 1534 entschied er mit 175 von 220 Stimmen, dass nur noch die von ihm bestellten Prediger auf die Kanzeln steigen dürften. Im Jahre 1537 wurden die letzten katholischen Kirchen geschlossen. »Die zwinglische Bilderfeindlichkeit führte dabei stellenweise zu bilderstürmischen Zerstörungen«, konstatierte der Historiker Wolfgang Zorn. »Im Übrigen wurde in der Stadt ... Bürgern und sonstigen Einwohnern streng verboten, sich irgendwie noch als Katholiken zu betätigen.«

Auch in St. Moritz, der Fuggerschen Patronatspfarre neben den Fuggerhäusern, wurde nun evangelisch gepredigt. Anton dachte daran, auszuwandern. Seine Heimatstadt war nicht nur von der Kirche, der er weiterhin die Treue hielt, abgefallen, sie war auch Mitglied des Schmalkaldener Bundes geworden, der sich gegen den

Jesuitenkolleg St. Salvator in Augsburg, eine Stiftung der Fugger von 1579/80, aus einem Skizzenbuch um 1723

Kaiser richtete, dem er ideell wie materiell verbunden blieb.

Anton Fugger bereitete den Rückzug aus der Stadt auf das Land vor. Im Jahre 1538 kaufte er die schwäbische Herrschaft Babenhausen, vermehrte er seinen Territorialbesitz. Aber noch hielt er seine Stellung in Augsburg, von einer Mehrheit der Bürger nun als Außenseiter empfunden. Er gab die Hoffnung nicht auf, mit der Reichsstadt das Reich dem Kaiser zurückgewinnen zu können. Dafür setzte er seine Mittel ein, streckte dem Kaiser Geld vor, der die Protestanten mit Waffengewalt niederwerfen wollte.

Im Jahre 1546 kam es zum Schmalkaldischen Krieg, dem Waffengang Karls V. gegen den Bund der protestantischen Stände, dem auch Augsburg angehörte. Reichsstädter im Krieg mit dem Reichsoberhaupt – das konnte nicht gut gehen. Die Geschäfte aller Augsburger, auch der katholisch gebliebenen, mussten darunter leiden. Anton Fugger war an einem baldigen und dauernden Frieden interessiert, einem Zustand, in dem der Handelsgott Merkur wieder ungehindert durch die Lande ziehen, die Geschäfte beflügeln könnte. Er ließ die Verbindungen zu protestantischen Fürsten nicht abreißen, obschon diesen zur Zeit nicht sonderlich daran gelegen war, einer Firma nützlich zu sein, die den Krieg des Kaisers gegen sie mitfinanzierte: mit 200 000 Dukaten bereits im Winter 1545 auf 1546.

Karl V. verlangte mehr – und erhielt es. Im Zweifelsfall und im Notfall wusste Fugger, wo sein Platz war. Insgesamt verschaffte er dem Kaiser für den Schmalkaldischen Krieg eine gute halbe Million Gulden. Aus Augsburg, das auf der protestantischen Seite stand, musste er freilich verschwinden. Anton ging mit Papieren, Geld und Sachwerten zuerst nach Bayern, dann nach Tirol, wo Schwaz vorübergehend Sitz der Firma wurde. Nun war er gewissermaßen in habsburgischer Sicherheit.

Die kaiserlichen Waffen behielten die Oberhand, nicht zuletzt deshalb, weil sie durch Fuggersches Geld beschafft und eingesetzt werden konnten.

Auch Augsburg musste sich Karl V. unterwerfen, Buße zahlen und eine Rekatholisierung hinnehmen. Wenn die Reichsstadt einigermaßen glimpflich davonkam, so verdankte sie dies der mit klingendem Gold verstärkten Fürsprache Anton Fuggers.

Dieser wusste, dass ein Vermittler stets Gefahr lief, sich zwischen die Stühle zu setzen, es im Grunde keiner der beiden Parteien recht machen konnte: »Ich weiß wohl, dass ich diese Sache nicht verrichtet, wie man es gerne hat. (Ich) glaube auch, wenn schon ein anderer an meiner Stelle wäre, er sollte nicht mehr ausgerichtet haben. Ich begehre keines Dankes. Mir ist (es) genug, dass wir aus der Unruhe vom hohen Meer in das Bad gekommen.«

Fugger erwies sich großherzig und großzügig nach beiden Seiten. Er erleichterte die städtischen Kontributionszahlungen durch Darlehen und gewährte weiterhin Kriegskredite an Karl V., der schließlich im Jahre 1547 die Schmalkaldener in der Schlacht bei Mühlberg an der Elbe niederwarf – bis auf weiteres.

Der Sieger ließ sich auf dem Augsburger Reichstag 1548 von seinem Hofmaler Tizian porträtieren: Karl V. in einem Sessel, auf dessen Lehne die Zirbelnuss, das Augsburger Wappen, zu sehen ist. Und als Kaiser hoch zu Ross, in einem Harnisch des Augsburger Harnischmachers Helmschmied.

Nicht von ungefähr wurde dieser Reichstag »der geharnischte« genannt: Die katholische und die evangelische Partei standen sich in Kriegsrüstung gegenüber, die sie im Waffenstillstand nicht ablegen mochten. Die Anhänger des Kaisers und des Papstes hatten die Oberhand. Die Gegenreformation hatte Boden gewonnen. Das 1545 in Trient zusammengetretene Konzil war 1547 nach Bologna verlegt worden; die katholische Kirche wurde reformiert und neu formiert. Auf dem Augsburger Reichstag untersagte Karl V. durch das »Interim« eine weitere Ausbreitung der evangelischen Konfession, bis zur endgültigen Entscheidung durch das Konzil.

Was die Reichsstadt Augsburg betraf, so verfügte Karl V. während des Reichstages 1548 die Abschaffung der Zunftverfassung, die Auflösung des Zunftregiments, die Einsetzung einer patrizischen Stadtregierung. Die Zünfte hatten die Reformation begünstigt, die Rebellion gegen den Kaiser getragen. Von den alten Geschlechtern und den neuen Kaufherren versprach sich der Habsburger mehr Kirchentreue und Reichsloyalität.

Die Verfassungsänderung kam Anton Fugger zugute. Nun gehörte er zu den fünf »Geheimen«, die gemeinsam mit den Stadtpflegern das Entscheidungsgremium der neuen Stadtregierung bildeten.

Und die Geschäfte blühten wieder auf. Aus spanischen Pachten konnte Fugger viel herausholen. Die Parteinahme für den König von Spanien und römischen Kaiser, was der Habsburger Karl in einer Person war, zahlte sich noch immer aus. Zwischen 1546 und 1553, in sieben Jahren, erzielte Anton einen Gesamtgewinn von 921 518 Gulden.

Andererseits brachte dem Hause Fugger die Verbindung mit dem Hause Habsburg zunehmend Nachteile. Der Handel in protestantischen Landen wurde dadurch behindert. So viel konnte Fugger gar nicht mehr verdienen, um den Moloch Habsburg zu sättigen, der Unsummen von Geld verschlang und immer neue forderte. Karl V. hatte bei Anton bereits 2 Millionen Gulden Schulden, Ferdinand I. 600 000 Gulden.

Und die Kreditwünsche rissen nicht ab, wuchsen ins Ungemessene, selbst für den Augsburger ins Unerschwingliche. Und Rückzahlungen und Zinszahlungen ließen auf sich warten, Sicherheiten wurden immer weniger gegeben, waren immer weniger wert.

Schulden und Schuld der Habsburger

Eine Fessel war für Fugger die Liaison mit den Habsburgern geworden. Die zunehmende Problematik der Geschäfte mit Karl und Ferdinand hat Anton keineswegs dazu verleitet, dass er deren Schuldscheine verbrannte – wie es die Legende in Wort und Bild hingestellt hat.

Als der Kaiser nach dem Sieg bei Mühlberg zum Reichstag nach Augsburg kam und »von Herrn Antoni abermals Geld begehrt, hat Herr Antoni geantwortet, dass er im Niederland wohl Mittel, mit welchen er Ihrer Majestät dienen wollte und könnte (besitze), so dann gar angenehm gewesen, allein in Deutschland habe er keine anderen als etliche Wechselbriefe von Ihrer Majestät, die er zerrissen oder verbrannt adeoque kassiert (habe), damit Ihre Majestät sehe, dass er Ihr mit seiner ganzen Substanz begehre zu dienen.«

Dies behauptete ein Dr. Holzapfel 1647, also hundert Jahre später. Das traf zwar den Kern des Verhältnisses zwischen Geldkönig und Universalkaiser, hätte aber einem Kaufmann vom Schlage Anton Fuggers nicht angestanden, selbst wenn er – was der Fall gewesen sein dürfte – immer mehr zu der Überzeugung gelangt wäre, dass die Schuldscheine ohnehin nichts mehr einbringen könnten. Der Augsburger hatte immer mehr zu geben und immer weniger zu erwarten – in einer Allianz, die durch die finanzielle Insolvenz und die zunehmende politische Insuffizienz zu einem schlechten Geschäft zu werden drohte.

»Nichts unter der Sonne ist von Bestand«, pflegte Anton Fugger zu sagen. Die Macht des Kaisers, in dessen Reich die Sonne nicht unterging, schmolz dahin. Es war zu viel für ihn, er hatte sich übernommen: Franzosen und Türken, Protestanten und Landesfürsten, ein Papst, dessen er sich nicht sicher war, und Spanier, auf die er nicht unbedingt zählen konnte. Und ein Kurfürst, Moritz von Sachsen, der aus seinem in das gegnerische Lager überlief. Im Jahre 1552 verbündete sich die deutsche Fürstenopposition mit dem König von Frankreich gegen den Kaiser des Heiligen Römischen Reiches Deutscher Nation. Beide Seiten bekamen Geld aus Augsburg: Moritz von Sachsen von Georg Österreicher, der Habsburger von Anton Fugger. Das Kriegsglück war zunächst den Protestanten zugeneigt. Karl V. musste nach Tirol und von dort bis Kärnten ausweichen. Anton Fugger begleitete ihn, weil er nicht mitgefangen und mitgehangen werden wollte.

»Tun Sie, was Sie immer getan haben«, hatte der Monarch seinem nun schon mehr unfreiwilligen als freiwilligen Schatzmeister wissen lassen. Anton tat, was er kaum mehr verantworten konnte. In Villach lieh er ihm aus sei-

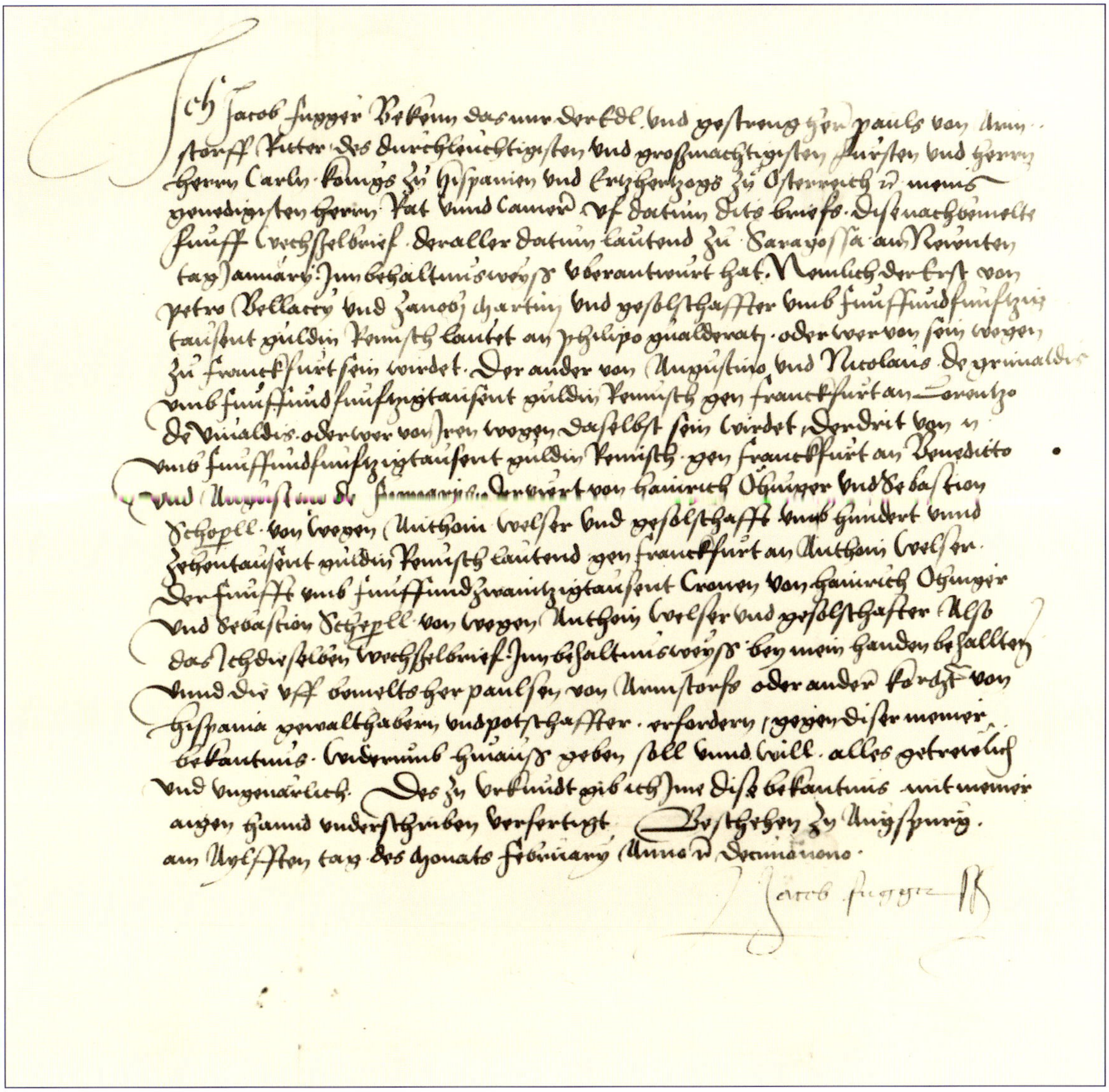
Ich Jacob Fugger Bekenn das mir der Edl und gestreng her Pauls von Armstorff Ritter des durchleuchtigisten und großmächtigisten Fürsten und herrn herrn Carls königs zu Hispanien und Ertzhertzogs zu Osterreich etc. meins genedigisten herrn Rat und Camrer uf datum dits briefs dise nachbemelte fünff wechselbrief der aller datum lautend zu Saragossa am Neunten tag Januarii Inn behaltnus weyse uberantwurt hat. Nemlich der erst von Petro Bellaro und Zanoi Martini und gesellschafter umb funffundfunfftzig tausent guldin Reinisch lautet an Philipo Gualdroti oder wer von sein wegen zu Franckfurt sein wirdet. Der ander von Augustino und Nicolaus de Grimaldi umb funffundfunfftzigtausent guldin Reinisch gen Franckfurt an Erantzo de Grimaldis oder wer von iren wegen daselbst sein wirdet. Der drit von ... umb funffundfunfftzigtausent guldin Reinisch gen Franckfurt an Benedito und Augustino de Fornari. Der vierdt von Hainrich Ehinger und Sebastian Schepell von wegen Anthoni Welser und gesellschafft umb hundert und sibentausent guldin Reinisch lautend gen Franckfurt an Anthoni Welser. Der funfft umb funffundzwaintzigtausent Cronen von Hainrich Ehinger und Sebastian Schepell von wegen Anthoni Welser und gesellschafter. Also das ich dise obgemelten wechselbrief Inn behaltnus weyse bey mein handen behalten und die uff bemelts her Paulsen von Armstorffs oder ander ... von Hispania gewalthabern und potschafter erfordern gegen diser meiner bekantnus widerumb hinaus geben soll und will alles getreulich und ungeverlich. Des zu urkundt gib ich Inn dise bekantnus mit meiner aigen hannd underschriben verfertigt. Beschehen zu Augspurg am Aylfften tag des Monats Februarii Anno etc. Neunzehenden.

Jacob Fugger

Depotquittung Jakob Fuggers über die Wechsel zur Kaiserwahl Karls V., 1519

ner Privatschatulle 100 000 Dukaten in bar, weil seine Neffen einen weiteren Griff in die Geschäftskasse abgelehnt hatten. Und übernahm für weitere 300 000 Scudi, die in Genua beschafft werden sollten, die Bürgschaft.

Majestät konnte seine Söldner bezahlen, Kampfhandlungen ins Auge fassen, sich gegen Frankreich wenden und in Augsburg, in dem Protestanten und Zunftgenossen das Heft in die Hand genommen hatten, die kaiserliche, die patrizische, die Fuggersche Ordnung wiederherstellen. Österreicher, der Bankier des Kurfürsten Moritz von Sachsen, wurde verbannt. Anton Fugger vermochte von seiner Heimatstadt wiederum das Schlimmste abzuwenden.

Die kaiserliche Kasse hatten alle aufzufüllen, unfreiwillig die Bürgerschaft, freiwillig Fugger, der freilich nicht mehr so freigiebig war und sein konnte wie früher.

Ein Requiem für den letzten Universalkaiser

Karl V. kehrte der Reichsstadt, in der er nie so gerne geweilt hatte wie sein Großvater Maximilian I., für immer den Rücken. Die meisten Augsburger waren froh, dass sie ihn nicht mehr sahen. Seine spanischen Truppen hatten sich nicht wie Verbündete benommen. Und der Kaiser hätte den Ehrentitel »Bürgermeister von Augsburg«, den sein Vorgänger mit einigem Stolz trug, weit von sich gewiesen. Auch gegen seine Anhänger, die seine offenen Taschen zu füllen hatten, gab er sich persönlich zugeknöpft. Er speiste stets allein.

Nun wollte er überhaupt niemand mehr

Tizian-Umkreis, Anton Fugger (1493-1560)

sehen, nichts mehr von der Reichsstadt und vom Reich wissen, sich aus der Welt zurückziehen. Auf dem Augsburger Reichstag des Jahres 1555 ließ er sich von seinem Bruder Ferdinand vertreten, der bereits deutscher König war, dem er die römische Kaiserwürde abtrat – und der sehen sollte, wie er allein mit den deutschen Protestanten und Fürsten fertig wurde.

Er schloss Frieden. Am 25. September 1555 wurde im Rathaussaal der schwäbischen Reichsstadt der Augsburger Religionsfrieden verkündet. Die »Augsburgische Konfession« wurde als gleichberechtigt neben der römisch-katholischen anerkannt. Die Reichsstände erhielten das Recht, in ihrem Gebiet das Bekenntnis zu bestimmen – »*cuius regio, eius religio*«. In Augsburg wurden beide Konfessionen anerkannt.

Ein Jahr später dankte Karl V. formell ab. Die Krone Spanien, samt Kolonien, Neapel, Mailand, Freigrafschaft Burgund und die Niederlande erhielt sein Sohn Philipp II. Die Kaiserwürde ging auf Ferdinand I., den Herren der österreichischen Erblande, Böhmens, Ungarns, den deutschen König, über. Der Kaiser außer Dienst zog sich in das spanische Kloster San Jeronimo de Yuste zurück, wo er im Jahre 1558 starb.

Im Augsburger Dom wurde für den im fernen Spanien dahingegangenen Kaiser ein Requiem abgehalten, und es wurde getrauert, als ob die Reichsstädter ahnten, dass mit dem Tod des letzten Kaisers im alten, universalen Sinne auch das Sterben des Reiches wie seiner Reichsstadt begonnen hatte.

»Karl V. ist 1500 geboren. Zwischen 1500 und 1558 ist die bindende Form, die das Europa des Mittelalters gefunden hatte, die Christenheit zerbrochen«, resümierte der Historiker Carl Jacob Burckhardt. »Karl V. haben die Voraussetzungen seiner Geburt und die Zufälligkeiten fürstlicher Erbfolge vor die scheinbar unlösliche Aufgabe gestellt, in einer Zeit völliger Umwertung den eisernen Bestand des Nichtumwertbaren, bestimmte Grundwerte zu wahren, ohne welche bei dem ungeheuren Vorgang des allgemeinen Auseinanderstrebens einzelner Geister, entzweiter Gruppen, feindlich aufeinanderprallender Stände, ganzer Völker, ein Kampf aller gegen alle entbrennen musste.«

Er entbrannte – in den Religionskriegen des 16. und 17. Jahrhunderts, in den Staatenkriegen, die daraus erwuchsen, in den Nationalkriegen, die schließlich das alte Europa zerstörten. Der letzte Universalkaiser konnte den Beginn dieser Entwicklung nicht verhindern. Das Rad der Geschichte war nicht zurückzudrehen, schon gar nicht von einem Menschen, der teils rückwärts, teils vorwärts blickte, zwiespältig an der Zeitenwende stand.

Jakob Fugger und in gewisser Weise auch Anton Fugger glichen ihm in ihrer Gespaltenheit – mittelalterliche Menschen noch und schon moderne Individualisten. Und nicht nur im Geiste, sondern auch durch ihre Geschäfte waren die Fugger dem Habsburger so eng verbunden, dass sie mit ihm aufsteigen konnten und mit ihm absteigen mussten.

Ende der Firma – Wandel der Familie

Antonio Moro, Philipp II. von Spanien

Anton Fugger war sich dessen bewusst. Alle Anläufe, sich aus dieser Allianz zurückzuziehen, waren gescheitert. Er wollte sich vom alten Kaisertum und der alten Kirche nicht lösen. Und er konnte sich aus dem Circulus des Gebens und Nehmens nicht mehr lösen – obwohl er immer mehr zu geben und immer weniger dafür bekommen hatte.

Seit Jahren hatte Anton Fugger versucht, seine Firma abzubauen, den Umfang des Unternehmens einzuschränken, vom immer riskanter werdenden Montan- und Bankgeschäft auf den Erwerb von Grundbesitz, der als sicherste Anlage galt, auszuweichen. Zumindest wollte er nichts mehr investieren, beispielsweise in neue Silberminen in Spanien. Schon spielte er mit dem Gedanken, die Firma aufzulösen. »Ich habe gar keine Lust zu solcher Handlung, also genug davon!«

Die Unlust wurde durch den Regierungsantritt der Erben Karls V. verstärkt. Mit Ferdinand I. hatte er sich immer weniger verstanden, mit Philipp II. sollte er sich nie verstehen. Zunächst lief das Hofgeschäft weiter, weil auf der in besseren Zeiten eingeschlagenen Bahn nicht angehalten werden konnte. Doch es ging mehr und mehr zu Lasten Fuggers. Im Jahre 1557 stellte Philipp II. Zahlungen aus spanischen Kroneinkünften ein. Fugger musste Geld aufnehmen. Im Jahre 1560 betrugen die spanischen Forderungen der Firma 2 975 797 Dukaten oder vier Millionen Gulden, die niederländischen Forderungen eineinhalb Millionen Gulden.

Erbittert über den bald sprichwörtlich werdenden »Dank des Hauses Habsburg«, in Sorge um die Zukunft seiner Firma starb Anton Fugger am 14. September 1560 im Alter von siebenundsechzig Jahren. Das Geschäft hatte er Erben anvertrauen müssen, die von ihm als nicht besonders geeignet angesehen worden waren: seinem Sohn Markus und seinem Neffen Hans Jakob.

So hatte er verfügt, dass das Geschäft allmählich aufgelöst werden sollte. Der Rückzug aus dem Handelsgeschäft in den Grundbesitz, aus der Geldwirtschaft in die Agrarwirtschaft wurde durch die Wahl der Begräbnisstätte demonstriert: Anton wollte nicht neben Jakob in der Gruft der Fuggerkapelle in St. Anna ruhen, in der Freien Reichsstadt Augsburg, der Basis und der Zentrale des Handelshauses, sondern in der Schlosskirche zu Babenhausen, auf eigenem Grund und Boden, dort, wo für die Fugger die Zukunft lag.

Die Bilanz von 1563 bestätigte den Rückgang des Geschäfts, und damit auch den Niedergang des Goldenen Augsburgs. Die politische Bedeutung der Reichsstadt sank, das wirtschaftliche Gewicht nahm ab. Das Schicksal der Reichsstadt war untrennbar mit dem des Reiches verknüpft, das Gedeihen Augsburgs mit dem seiner großen Firmen, vornehmlich der Fugger. Und diese waren mit den Habsburgern aufgestiegen, mussten mit den Habsburgern absteigen.

Der Habsburger Philipp II. von Spanien erklärte mehrfach – 1557, 1575, 1596 – den Staatsbankerott, wodurch er sich vieler Schulden entledigte, Rückzahlungen wie Zinszahlungen einstellte, auch und nicht zuletzt die Fugger schädigte. Ebenso zeigten die österreichischen Habsburger – auf Ferdinand I. folgten Maximilian II. und Rudolf II. – wenig Schuldnermoral. Im Annehmen waren die Habsburger unersättlich gewesen, beim Zurückgeben zeigten sie sich zugeknöpft.

In den siebziger Jahren des 16. Jahrhunderts mussten mehrere Augsburger Firmen ihre Zahlungen einstellen: Rehm, Haug, Manlich, Herwart, Neidhart, Krafter, Zangmeister. Der Unabhängigkeitskrieg der Niederlande gegen Spanien ruinierte den nach Antwerpen und Brüssel orientierten Augsburger Handel. Im Jahre 1614 – der Dreißigjährige Krieg und mit ihm die Lähmung des deutschen Wirtschaftslebens stand unmittelbar bevor – brach das Haus Welser zusammen.

»Allein die Fugger erlitten bis zur

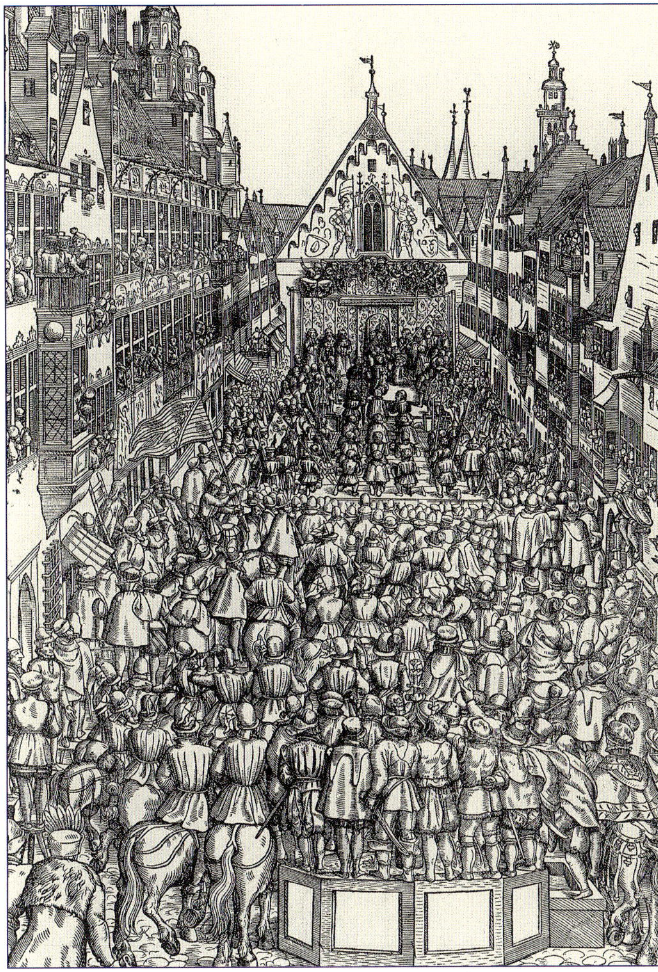

Hans Tirol, Belehnung Herzog Augusts von Sachsen mit der Kurwürde vor den Fuggerhäusern, 1566

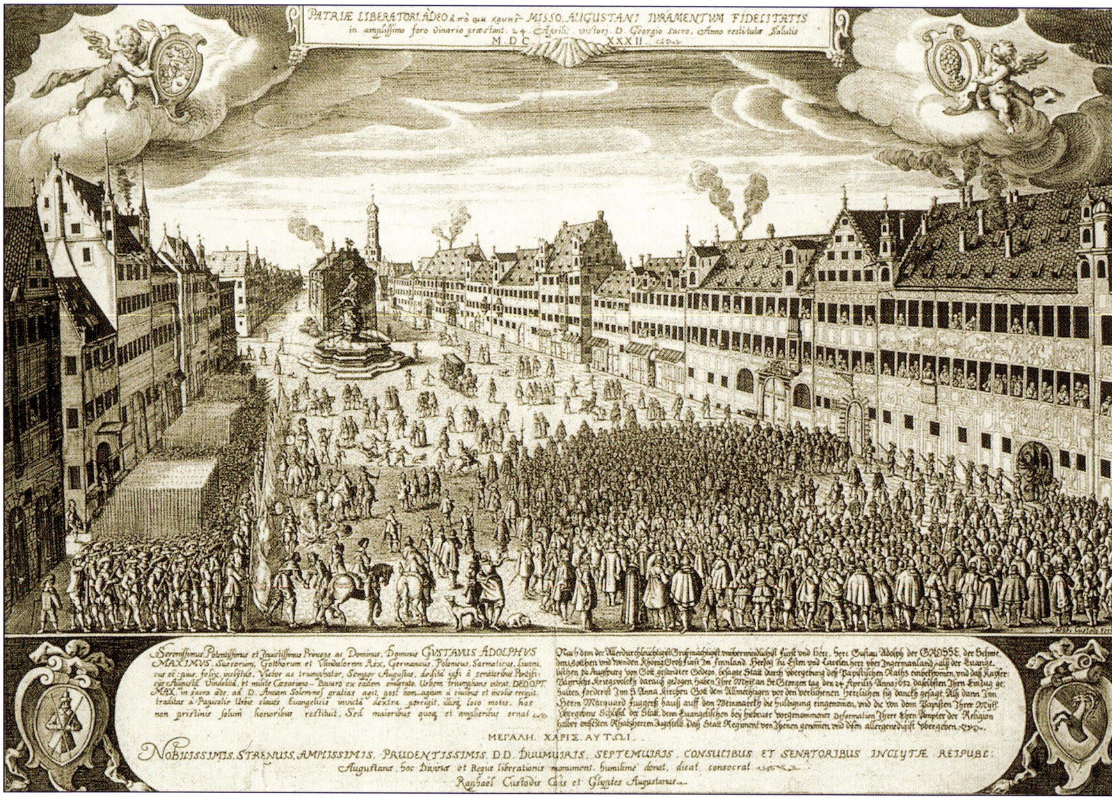

Fuggerhäuser am Weinmarkt, 1632

Mitte des siebzehnten Jahrhunderts bei dem Hause Habsburg Verluste in Höhe von 8 Millionen Rheinischen Gulden, in Spanien mindestens von 4 Millionen Dukaten«, bilanziert der Wirtschaftshistoriker Eckart Schremmer. »Von 1556 bis 1584 erklärten 70 international bedeutende Augsburger Firmen ihren Bankerott. Das Fuggersche Handelshaus konnte sich zwar noch über den Dreißigjährigen Krieg hinweg erhalten, doch mit der Auflösung des hochverschuldeten Tiroler Bergwerkhandels im Jahre 1657/58 gilt es als erloschen.«

Am Ende des 15. Jahrhunderts war das Fuggersche Unternehmen aufgeblüht, in den ersten Jahrzehnten des 16. Jahrhunderts – unter Maximilian I. und Karl V., durch Jakob und Anton Fugger – hatte es reiche Früchte getragen. Sie konnten von den Nachfahren in einem langen Herbst genossen werden.

Grundherren und Kunstmäzene

Mit dem Genuss der verbliebenen Kapitalien und dem Ertrag ihrer schwäbischen Grundherrschaften gaben sich die Fugger nicht zufrieden. Die dritte Generation – nach der Jakob und Anton Fuggers – betrieb noch Handelsgeschäfte, wandte sich jedoch mehr und mehr hochadeligen Beschäftigungen zu.

»Das sammlerische Moment wird zu einem der Charakteristiken der nächsten Generationengruppe«, konstatierte Götz von Pölnitz. »Auch die literarischen Beziehungen, Humanistenkorrespondenzen, die Förderung der antiken Forschung, der Aufbau der Bibliotheken sind Eigenschaften, die für die neue Generationsschicht bezeichnend sind, mitunter aber zum Verhängnis werden können. Die Faktoreien dienen ihnen bereits fast mehr zur Befriedigung differenzierten Lebensgenusses durch Vermittlung wertvoller Bilder, Gläser, Teppiche, Bronzen und Stoffe, denn als Umschlagplätze des internationalen Handels.«

Hans Jakob Fugger (1516-1575) erhielt nicht als Kaufherr – als solcher hatte er persönlich Bankerott gemacht –, sondern als »Beförderer der Wissenschaft« ein Denkmal in Augsburg, das einzige spätere Fuggerdenkmal. Seine wertvolle Büchersammlung, darunter griechische Handschriften, verkaufte er 1571 an Herzog Albrecht V. von Bayern. So wurde die Fuggerbibliothek ein Grundstock der Bayerischen Staatsbibliothek.

Hans Holbein d.J., Erasmus von Rotterdam

Octavian Secundus Fugger (1549-1600) ist in den Annalen als Handelsherr und Humanist verzeichnet. Er hatte in Ingolstadt, Italien und den Niederlanden studiert, Jura, Latein und Lautenspiel. Der Förderer der Spätrenaissance-Musik berief Hans

Vincenzo Campi, Obst- und Gemüsehändlerin, ca. 1580

Kleiner Bibliotheksraum im Fuggerhaus am Zeugplatz, Augsburg (sog. Badstuben). Ausstattung von Friedrich Sustris und anderen.

Leo Hassler, der einer der berühmtesten Komponisten seiner Zeit werden sollte, als Kammerorganist des Hauses Fugger. Als Stadtpfleger, also an höchster Stelle in der Reichsstadt Augsburg, pflegte er auch die bildende Kunst. In seiner Amtszeit wurden der Merkur- und der Herkulesbrunnen errichtet.

Der Lebensstil der Fugger hatte sich geändert. Der Wandel war an den Augsburger Fuggerhäusern abzulesen. Jakob Fugger dienten sie in erster Linie als Geschäftszentrum. Unter Anton Fugger waren sie ein Mixtum aus Handelskontor und hochherrschaftlicher Stadtresidenz. Nun – seit den Verschönerungen durch Antons Sohn Hans Fugger – sprach man vom Fuggerpalais, bewunderte den Festsaal, die luxuriösen Zimmer, die vergoldeten Ledertapeten nach venezianischer Art und das Antiquarium mit antiken Büsten.

Man zeigte, was man hatte, was von den Vorfahren zusammengebracht worden war, was man angesammelt und angehäuft hatte. Im Jahre 1575 berichtete Hans von Schweinichen, der mit Herzog Heinrich von Liegnitz Augsburg besuchte: »Der Fugger führte Seine Fürstlichen Gnaden im Hause spazieren, einem gewaltig großen Hause, so dass der Römische Kaiser auf dem Reichstag mit seinem ganzen Hof darin Raum gehabt. Herr Fugger hat in einem Türmlein ... einen Schatz von Ketten, Kleinodien und Edelsteinen gewiesen, auch von seltsamer Münze und Stückchen Goldes, die köpfegroß waren, so dass er selber sagte, er wäre über eine Million wert. Darauf schloss er einen Kasten auf,

Jakob Seisenegger, Georg Fugger (1518-1569), um 1541

Schloss Kirchheim an der Mindel, 17. Jh.

Schloss Kirchheim, Zedernsaal

Grabaltar für Christoph Fugger von Hubert Gerhard, 1584

Hubert Gerhard, Brunnengruppe mit Mars, Venus und Cupido, für Schloss Kirchheim, 1584-1594

Alessandro Vittoria, Verkündigung, um 1580

der lag bis zum Rand voll von lauter Dukaten und Kronen.«

Man demonstrierte, wozu man es gebracht hatte. Und man lebte fürstlich, gab sich modischen, schon manierierten Lustbarkeiten hin, wie der Franzose Michel de Montaigne, der 1580 in Augsburg weilte, es beschrieb:

»*Wir sahen noch andere Häuser der Fugger in anderen Gegenden der Stadt, die ihnen durch so viel Aufwendungen zur Verschönerung verbunden ist: Es sind Lusthäuser für den Sommer, In einem sahen wir eine Uhr, die durch die Bewegung von Wasser, das als Uhrgewicht dient, in Gang gehalten wird, ferner zwei große gedeckte Fischbehälter, zwanzig Schritt im Geviert und voll von Fischen ...* «

Die Wasserspiele erläuterte eine lateinische Inschrift: »*Quaesisti nugas nugis gaudeto repertis* – Du suchst nach einer Spielerei: an der gefundenen ergötze Dich!«

Das war die Devise von Nachfahren, im Zeitalter des Manierismus, des Barock und Rokoko. Rückhalt bot der Landbesitz der verschiedenen adeligen Linien der Fugger: Kirchberg-Weißenhorn, Oberndorf-Nordendorf, Kirchheim-Glött-Mickhausen, Babenhausen-Boos-Wellenburg. Es waren Grundherren und Bauherren, Kunstförderer und Musikliebhaber. So wurde der Name Fugger nicht nur im Bereich der Wirtschaft und des Sozialen, sondern auch im Bereich der Kunst ein Begriff.

Im Zeitalter der höfischen Kultur wollten auch die Fugger kultiviert Hof halten. Landsitze wurden zu Landschlössern – vornehmlich Babenhausen mit der festlichen Halle des »Neuen Schlosses«, und Kirchheim mit dem prächtigen Zedernsaal, einem der schönsten Renaissanceräume in Deutschland. Wendel Dietrich schuf die Kassettendecke aus Zedernholz. Die Plastiken stammen von Carlo Pallago und Hubert Gerhard.

Bauherr war Hans Fugger (1531-1598), »*der größte Mäzen nichtfürstlichen Geschlechts seiner Zeit*« (Hans Jürgen Rieckenberg). Er liegt in der Schlosskirche begraben. Auf der Tumba hat ihn der Bildhauer Alexander Colin in voller Rüstung dargestellt. Auch dieser Fugger der Spätrenaissance blieb dem Mittelalter verbunden, förderte den Gegenreformator Peter Canisius – der alten Kirche ergeben, dem Heiligen Römischen Reich verpflichtet. Im Cedernsaal zu Kirchheim steht die Figur Karls V. als Sinnbild der Kaisertreue des Hauses Fugger.

Neue Aufgaben

Simon Sorg, Anton Ignaz, Fürstpropst von Ellwangen, Fürstbischof von Regensburg

Die Zeit der Handelsherren war vorbei. Neue Aufgaben stellten sich den Fuggern nicht nur in ihren Territorien, sondern auch in Kirche und Staat.

Jakob Fugger (1567-1626), der jüngste Sohn von Hans Fugger, des Kunstmäzens und Lebenskünstlers, studierte in Ingolstadt, Rom und im

Lucas Kilian, Ottheinrich Graf Fugger, 1636

spanischen Alcala, wurde Priester und 1604 Bischof von Konstanz. Er machte aus diesem Bistum einen Eckpfeiler der kirchlichen Reform und der Liga, die katholische Reichsstände am Vorabend des Dreißigjährigen Krieges der Union protestantischer Fürsten entgegensetzten. Der Bischof, der Hof wie ein weltlicher Fürst gehalten hatte, legte Wert darauf, in einer Kapuzinerkutte bestattet zu werden.

Ein bedeutender Kirchenfürst aus dem Hause Fugger war auch Anton Ignaz, 1756 Propst von Ellwangen, 1769 Bischof von Regensburg. An ihn erinnert der von ihm gestiftete silberne Hauptaltar im Regensburger Dom. Gott die Ehre zu geben und seinen Kreaturen zu helfen – beides wusste dieser Kirchenmann zu vereinen. Wegen seiner Mildtätigkeit pries ihn der schwäbische Dichter Schubart, der alles andere als ein Lobredner der Obrigkeiten war, in einer Ode »Der gute Fürst«.

Es gab Fugger, die der Kirche, und Fugger, die dem Kaiser dienten. Beides war für sie nicht zu trennen: Das Reich im Jenseits war im Diesseits, in Zeit und Raum zu sichern.

So setzten sie sich im Dreißigjährigen Krieg, in dem es um Kirche und Reich ging, nicht nur mit Gebet, sondern auch mit Geld und Schwert für die katholische und kaiserliche Sache ein. Ottheinrich Fugger kämpfte für den Habsburger Ferdinand II. und für den Wittelsbacher Maximilian I., an der Seite der Feldherren Tilly und Wallenstein. Der General wurde 1635, nach der Einnahme Augsburgs, kaiserlicher Gouverneur der Reichsstadt. Der Kurfürst von Bayern ernannte ihn zum Geheimen Rat und Hofmarschall, der König von Spanien verlieh ihm den Orden des Goldenen Vließes.

Der Friede von Münster und Osnabrück schuf 1648 Frieden im Reich, dessen Grenzen jedoch bedroht blieben – im Südosten von den Türken. Bereits Jakob Fugger der Reiche hatte die Abwehr der Osmanen mitfinanziert. Franz Fugger (1612-1664) zog 1663 als kaiserlicher Generalfeldzeugmeister und General der Infanterie und Artillerie in den Türkenkrieg, fiel ein Jahr später in der Schlacht bei St. Gotthard an der Raab, in der die Angreifer zurückgeschlagen wurden.

Fürst Anselm Maria Fugger von Babenhausen mit Familie

1683 sollten sie wiederkommen, bis Wien vorstoßen.
Mit dem Heiligen Römischen Reich Deutscher Nation ging es zu Ende. Sein Hauptfeind war die neue Zeit: die kirchenfeindliche Aufklärung und der reichsfeindliche Fürstenstaat. Beiden widersetzte sich Graf Anselm Maria Fugger, der im Jahre 1803, kurz vor Torschluss, als Fürst von Babenhausen in den Reichsfürstenstand erhoben wurde. Bereits 1806, im Jahre des Erlöschens der römisch-deutschen Kaiserwürde, wurde das Reichsfürstentum dem neuen Königreich Bayern einverleibt.

Fürst Karl Ernst Fugger von Glött

Dem Geist der Zeit und den Mächtigen der Gegenwart widersprach Fürst Anselm Maria. 1805 hatte er in Babenhausen die erste Niederlassung der Redemptoristen in Süddeutschland ermöglicht, Klemens Maria Hofbauer (1909 heilig gesprochen) predigte gegen die Aufklärung, wie sie sich verflacht und eifernd auch in Österreich und Bayern breit gemacht hatte. Der neue bayerische Staat war durch Montgelas und seine Bürokratie aus diesem Geist geschaffen worden und sollte durch ihn zusammengehalten werden.

Das Reichsfürstentum Babenhausen war, wie andere reichsunmittelbare Herrschaften, einem deutschen Teilstaat unterstellt, mediatisiert worden. Wie der berühmteste der Mediatisierten, der Reichsfreiherr vom Stein, hoffte Fürst Anselm Maria, dass mit Napoleon auch dessen Protegés, die deutschen Souveräne von französi-

schen Gnaden, verschwinden, die alten Reichsstände mit dem alten Reich wiederhergestellt würden.
Zur Friedenskonferenz steuerte er eine Schrift bei: »Materialien zu Germaniens Wiedergeburt als Beitrag zu den Beherzigungen des Wiener Kongresses von einem deutschen Fürsten entworfen. 1814.« Sein Freimut zog ihm die Ungnade König Maximilians I. Joseph von Bayern zu, der Anselm Maria Fugger als Standesherrn behandelt und ihn zum Kronoberstkämmerer und Generalmajor der bayerischen Nationalgarde II. Klasse ernannt hatte. Die Mediatisierten konnten sich nicht durchsetzen. Es blieb bei den neuen deutschen Staaten, die sich gegen Kaiser und Reich ihre Souveränität erkämpft hatten.
Erst nach der Verkündung der bayerischen Verfassung im Jahre 1818, die ihn zum erblichen Reichsrat in der Ersten Kammer machte, wurde Fürst Anselm Maria wieder als Kronoberstkämmerer tituliert. Die Fugger fanden sich mit den Wittelsbachern und der neuen Landeshauptstadt München ab, gaben jedoch die Verbindung zu den Habsburgern und der alten Reichshauptstadt Wien nicht auf.
Ein Fugger rebellierte gegen den Fürstenstaat und dessen aristokratische Gesellschaft. Graf Theodor Fugger von Glött, Leutnant im Artillerieregiment Zollern, wurde als Teilnehmer am Aufstand in der bayerischen Rheinpfalz am 10. März 1850 in Landau standrechtlich erschossen.
Ein anderer Fugger machte sich um das Königreich Bayern verdient: Carl-Ernst Graf Fugger von Glött war Präsident der Reichsrätekammer, stand Prinzregent Luitpold nahe, hatte entscheidenden Anteil an der Königsproklamation Ludwigs III. Am 30. Dezember 1913 wurde er in den erblichen Fürstenstand des Königreiches Bayern erhoben.
Aus dem Königreich wurde fünf Jahre später der Freistaat. Die Fugger gingen mit der Zeit, orientiert an ihrem Erbe. Fürst Carl-Ernst betätigte sich als Präsident der Bayerischen Hypotheken- und Wechselbank. In einer Tradition, die bis ins 15. Jahrhundert zurückreicht, steht auch die heutige Fürst-Fugger-Bank, die 1954 von Friedrich Carl Fürst Fugger-Babenhausen gegründet wurde und im wieder aufgebauten Augsburger Fuggerhaus den ihr gemäßen Sitz gefunden hat.
Das Reich, das 1933 seinen Anfang nahm, war nicht das Reich, das Jakob Fugger der Reiche erhalten und das Anselm Maria Fugger wiederherstellen wollte. Und auch nicht das »Zweite Reich«, in das die Fugger seit 1871 hineingewachsen waren.
Widerstand gegen Hitlers »Drittes Reich« leistete Joseph-Ernst Fürst Fugger von Glött. Vom »Kreisauer Kreis« – benannt nach dem Familiengut des Grafen Moltke, des Hauptes dieser Widerstandsgruppe – war er als Landesverweser für Bayern vorgesehen gewesen. Nach dem missglückten Staatsstreich vom 20. Juli 1944 wurde Fürst Fugger-Glött verhaftet, vor den »Volksgerichtshof« gestellt und zu drei Jahren Gefängnis verurteilt. Helmuth James Graf von Moltke charakterisierte seinen Mitverschwörer: »Der machte einen sehr guten Eindruck. Er war eine Zeitlang elend gewesen

und hatte sich nun wieder erholt, war bescheiden, sicher, hat keinen von uns belastet ... « Zusammen mit dem späteren Bundestagspräsidenten Eugen Gerstenmaier wurde Fürst Fugger-Glött in das Zuchthaus Bayreuth gesperrt.

Nach dem Zusammenbruch des Hitler-Reiches beteiligte sich Fürst Joseph-Ernst am Aufbau eines freiheitlichen deutschen Staates. Von 1949 bis 1953 war er – ein Mitgründer der CSU – Mitglied des Deutschen Bundestages, gehörte dem Auswärtigen Ausschuss und dem Europarat an. Zwei Legislaturperioden lang war er Abgeordneter des Bayerischen Landtages, stellvertretender Vorsitzender der CSU-Fraktion.

Konrad Adenauer, der erste Bundeskanzler, bilanzierte: »Damals wurden die großen Entscheidungen getroffen, die dem deutschen Volk äußere Geltung und inneren Wiederaufstieg wiedergaben. Der Sieg derer, die ein vereinigtes Europa und eine freiheitliche Wirtschaftsordnung wollten, war knapp und keineswegs selbstverständlich – was heute manchmal vergessen wird. Ohne dass auch Männer wie Fürst Fugger ihr Ansehen, ihre Autorität und das Vertrauen, das die Bevölkerung vor allem ihrer engeren Heimat ihnen entgegenbrachte, voll in die Waagschale geworfen hätten, wäre dieser Sieg, das heißt auch, unser Wohlstand und unsere Geltung, nie errungen worden.«

Bundespräsident Heuss besichtigt im August 1955 die Fuggerei, begleitet von Friedrich Carl Fürst Fugger-Babenhausen, Dr. Clemens Graf Fugger von Kirchberg und zu Weißenhorn sowie Joseph Ernst Fürst Fugger von Glött (von links)

Erbe und Auftrag

Im 19. Jahrhundert, in dem Augsburgs Gewerbe neu aufgeblüht, die drittgrößte Stadt Bayerns eine bedeutende Industriestadt geworden war, hatte das Fuggerhaus in der Maximilianstraße neue Fresken erhalten. Augsburgern wie Fremden sollten die glänzendsten Zeiten der Reichsstadt und der Fugger vor Augen gestellt werden.

Auf dem ersten Wandgemälde sah man Rudolf von Habsburg, wie er im Jahre 1276 Augsburg zur Freien Reichsstadt erhob: den König auf dem Thron, Bürger vor ihm kniend. Das zweite Bild zeigte Ludwig den Bayer, vom Ross gestiegen, den Augsburgern dankend, die ihm vor Friedrich dem Schönen von Österreich Schutz in ihren Mauern boten. Das dritte Wandgemälde erinnerte an Jakob Fugger den Reichen als Gründer der Fuggerei, des »Städtles der Armen«: Der Handelsherr, den Plan begutachtend, seine Frau, Brot an Bedürftige verteilend. Auf dem vierten Bild stieg Maximilian I., der »Bürgermeister von Augsburg«,

Das heutige Fuggerhaus

Früheres Fresko am Fuggerhaus von Ferdinand Wagner, 1860-1863

vom Thron zu den Bürgern herab, von Konrad Peutinger, dem Stadtschreiber, begrüßt. Das fünfte Bild gedachte einer patriotischen Tat Anton Fuggers: Der Katholik bittet 1547, im Schmalkaldischen Krieg, Kaiser Karl V. um Schonung seiner protestantischen Mitbürger, aller Augsburger. Im Zweiten Weltkrieg wurde das Fuggerhaus von Fliegerbomben schwer getroffen, der Fassadenschmuck zerstört. Die Fuggerei ging in Flammen auf. Das alte Herrschaftshaus wie die Sozialsiedlung wurden wieder aufgebaut. In der Fuggereikirche St. Markus erinnert eine Inschrift unter dem Bildnis der Schutzmantelmadonna an die hochherzige Tat: »Joseph-Ernst Fürst Fugger von Glött, Clemens Fugger Graf von Kirchberg und zu Weißenhorn, Friedrich Carl Fugger Fürst von Babenhausen haben die durch den Luftangriff vom 25. Februar 1944 ausgebrannte Fuggerei im Geiste ihrer Ahnen, aus Nächstenliebe und Bürgersinn samt der Kirche in schwerster Zeit wieder aufgebaut und wesentlich erweitert ... «

Die drei genannten Senioren passten die wirtschaftlichen Grundlagen der Fuggerschen Stiftungen den Zeitbedürfnissen an; so wurde die Stiftungsbrauerei veräußert und der Erlös in Miethäusern angelegt. An der Spitze der Fürstlich und Gräflich Fuggerschen Stiftungen steht das Familien-Seniorat, dem heute angehören: Albert Graf Fugger von Glött, Hubertus Fürst Fugger-Babenhausen und Maria Elisabeth Gräfin von Thun-Fugger.

Wie in einer Arche sind im neu errichteten Senioratsgebäude an der Jakoberstraße, am Nordrand der Fuggerei, Relikte des Goldenen Augsburgs geborgen: der spätgotische Erker vom einstigen Höchstetter-Haus am Kesselmarkt; die restaurierte Leonhards-Kapelle aus dem Welser-Haus, das an der Ecke der Karolinenstraße und der Karlstraße stand; ein Teil des Chorgestühls von St. Anna; der Schlussstein der »Goldenen Schreibstube« im Fuggerhaus am Rindermarkt, der nun den kleinen Erker an der Jakoberstraße ziert.

Noch immer erinnern Augsburger Dächer an die Kupfermagnaten Fugger, die als erste ihre Häuser mit ihrem Kupfer gedeckt hatten. Nach dem Zweiten Weltkrieg erneuert, haben sie wieder Patina angesetzt – ein würdiges Andenken an ein berühmtes Geschlecht, ein grünes Zeichen der Hoffnung für eine alte Stadt.

Schutzmantelmadonna in der St. Markus-Kirche der Fuggerei

Literaturverzeichnis

Das Literaturverzeichnis wurde gegenüber der Erstauflage von 1985 um die wichtigsten Titel ergänzt.

Andreas, Willy: Deutschland vor der Reformation. Eine Zeitenwende. Stuttgart, 5. Aufl. 1948.

Aubin, Hermann, und Wolfgang Zorn (Hrsg.): Handbuch der deutschen Wirtschaftsgeschichte. Band 1: Von der Frühzeit bis zum Ende des 18. Jahrhunderts. Stuttgart 1971.

Augsburg. Geschichte in Bilddokumenten. Hrsg. von Friedrich Blendinger und Wolfgang Zorn. München 1976.

Bauer, Clemens: Conrad Peutinger und der Durchbruch des neuen ökonomischen Denkens in der Wende zur Neuzeit. In: Augusta 955-1955. München 1955.

Bosl, Karl, und Eberhard Weis: Die Gesellschaft in Deutschland I. Von der Fränkischen Zeit bis 1848. München 1976.

Brandi, Karl: Kaiser Karl V. Frankfurt, 6. Aufl. 1976.

Braunfels, Wolfgang: Die Kunst im Heiligen Römischen Reich Deutscher Nation. Band 3: Reichsstädte, Grafschaften, Reichsklöster. München 1981.

Burckhardt, Carl Jacob: Gedanken über Karl V. München 1964.

Ehrenberg, Richard: Das Zeitalter der Fugger. Geldkapital und Kreditverkehr im 16. Jahrhundert. 2 Bde., Jena 1912.

Freytag, Gustav: Bilder aus der deutschen Vergangenheit. Hrsg. von Heinrich Pleticha. 3 Bde., Hamburg 1978.

Friedell, Egon: Kulturgeschichte der Neuzeit. Band 1: Renaissance und Reformation. München 27. Aufl. 1947.

Die Fuggerei. Ein Führer. Augsburg, 4. Aufl. 1982.

Heer, Friedrich: Augsburger Bürgertum im Aufstieg Augsburgs zur Weltstadt (1275 bis 1530). In: Augusta 955-1955. München 1955.

Hering, Ernst: Die Fugger. Leipzig 1940.

Joachimsen, Paul: Die Reformation. München 1951.

Kellenbenz, Hermann: Deutsche Wirtschaftsgeschichte. Band 1: Von den Anfängen bis zum Ende des 18. Jahrhunderts. München 1977.

-----: Die Fuggersche Maestrazgopacht 1524-1542. Tübingen 1967.

----- (Hrsg.): Schwerpunkte der Kupferproduktion und des Kupferhandels in Europa 1500-1650. Köln 1977.

Lieb, Norbert: Die Fugger und die Kunst im Zeitalter der Spätgotik und der frühen Renaissance. München 1952.

-----: Die Fugger und die Kunst im Zeitalter der Hohen Renaissance. München 1958.

Lutz, Heinrich: Das Ringen um deutsche Einheit und kirchliche Erneuerung. Von Maximilian I. bis zum Westfälischen Frieden 1490 bis 1648. Propyläen Geschichte Deutschlands, Band 4. Berlin 1983.

-----: Reformation und Gegenreformation. Oldenbourg Grundriss der Geschichte Band 10. München/Wien 1979.

-----: Conrad Peutinger. Augsburg 1958.

Montaigne, Michel de: Aus dem süddeutschen Reisetagebuch. Hrsg. von Otto Flake. Lindau 1948.

Ortner, Eugen: Glück und Macht der Fugger (Roman). Neu bearbeitet von Curt Hohoff. München, 3. Aufl. 1977.

Panhorst, Karl H.: Deutschland und Amerika. Ein Rückblick auf das Zeitalter der Entdeckungen und die ersten deutsch-amerikanischen Verbindungen unter besonderer Beachtung der Unternehmungen der Fugger und Welser. München 1928.

Pfeiffer, Rudolf: Conrad Peutinger und die humanistische Welt. In: Augusta 955-1955. München 1955.

Pölnitz, Götz Freiherr von: Jakob Fugger. Kaiser, Kirche und Kapital in der oberdeutschen Renaissance. 2 Bde., Tübingen 1949-1951.

-----: Anton Fugger. 4 Bde., Tübingen 1958-1971.

-----: Die Fugger. Tübingen, 3. Aufl. 1970.

-----: Fugger und Hanse. Tübingen 1953.

-----: Der deutsche Handel und sein Haus in Venedig. Leipzig 1944.

-----: Fugger und Medici. Leipzig 1942.

Rassow, Peter: Die Reichstage zu Augsburg in der Reformationszeit. In: Augusta 955-1955. München 1955.

Scheuermann, Ludwig: Die Fugger als Montanindustrielle in Tirol und Kärnten. Leipzig 1929.
Schulte, Aloys: Die Fugger in Rom 1495-1523. Mit Studien zur Geschichte des kirchlichen Finanzwesens jener Zeit. 2 Bde., Leipzig 1904-1905.
Skalweit, Stephan: Reich und Reformation. Berlin 1967.
Spindler, Max (Hrsg.): Handbuch der bayerischen Geschichte. Band 3, 2. Teilband: Schwaben und Oberpfalz. München 1971.
Strieder, Jakob: Jakob Fugger der Reiche. Leipzig 1926.
-----: Zur Genesis des modernen Kapitalismus. Forschungen zur Entstehung der großen bürgerlichen Kapitalvermögen am Ausgange des Mittelalters und zu Beginn der Neuzeit, zunächst in Augsburg. München/Leipzig, 2. Aufl. 1935.
-----: Das reiche Augsburg. Ausgewählte Aufsätze (von Heinz Friedrich Deininger) Jakob Strieders zur Augsburger und süddeutschen Wirtschaftsgeschichte des 15. und 16. Jahrhunderts. München 1938.
Weidenbacher, Josef: Die Fuggerei in Augsburg, die erste deutsche Kleinhaus-Stiftung. Augsburg 1926.
Welt im Umbruch. Augsburg zwischen Renaissance und Barock. 2 Bde. (Ausstellungskatalog), Augsburg 1980.
Wiesflecker, Hermann: Kaiser Maximilian I., 4 Bde., Wien 1971-1981.
Zorn, Wolfgang: Augsburg: Geschichte einer deutschen Stadt. Augsburg, 2. Aufl. 1972.

Fremdsprachige Ausgabe der 1. Auflage dieses Bandes: Herre, Franz: The Age of the Fuggers. Augsburg 1985.

Nach 1985 erschienene Titel (Auswahl):

Anton Fugger (1493-1560). Vorträge und Dokumentation zum fünfhundertjährigen Jubiläum. Hrsg. von Johannes Burkhardt. Weißenhorn 1994.
Augsburger Handelshäuser im Wandel des historischen Urteils. Hrsg. von Johannes Burkhardt. Berlin 1996.
Augsburger Stadtlexikon. 2. völlig neu bearb. und erheblich erweiterte Auflage. Hrsg. von Günther Grünsteudel u.a. Augsburg 1998.
Bastl, Beatrix: Das Tagebuch des Philipp Eduard Fugger (1560-1569). Tübingen 1987.
Burkhardt, Johannes: Das Reformationsjahrhundert. Tübingen 2002.
Bushart, Bruno: Die Fuggerkapelle bei Sankt Anna in Augsburg. München 1994.
Das Ehrenbuch der Fugger. Die Babenhausener Handschrift. Augsburg 2004.
-----. Darstellung, Transkription, Kommentar. Von Gregor Rohmann. Augsburg 2004.
Graf Fugger von Glött, Ulrich: Die Fuggerei. Augsburg 2004.
Geschichte der Stadt Augsburg von der Römerzeit bis zur Gegenwart. Hrsg. von Gunther Gottlieb u.a. Stuttgart 1984.
Haberer, Stephanie: Ott Heinrich Fugger (1592-1644). Biographische Analyse typologischer Handlungsfelder in der Epoche des Dreißigjährigen Krieges. Augsburg 2004.
Hagen, Bernt von, und Angelika Wegener-Hüssen: Stadt Augsburg. Denkmäler in Bayern. Band VII.83. München 1994.
Huber, Herbert: Musikpflege am Fuggerhof Babenhausen (1554-1836). Augsburg 2003.
Kalus, Peter: Die Fugger in der Slowakei. Augsburg 1999.
Karnehm, Christl, und Maria Gräfin von Preysing: Die Korrespondenz Hans Fuggers von 1566 bis 1594. Regesten der Kopierbücher aus dem Fuggerarchiv. München 2003.
Kellenbenz, Hermann: Die Fugger in Spanien und Portugal bis 1560. Ein Großunternehmen des 16. Jahrhunderts. 2 Bde und Quellenband. München 1990.
Kluger, Martin: Die reichen Fugger. Augsburg 2001.
„lautenschlagen lernen und ieben". Die Fugger und die Musik. Anton Fugger zum 500. Geburtstag. Ausstellungskatalog. Hrsg. von Renate Eikelmann, Augsburg 1993.
Mandrou, Robert: Die Fugger als Grundbesitzer in Schwaben, 1560-1618. Eine Fallstudie sozioökonomischen Verhaltens am Ende des 16. Jahrhunderts. Göttingen 1997.
Nebinger, Gerhart: Die Standesverhältnisse des Hauses Fugger im 15. und 16. Jahrhundert. In: Blätter des Bayerischen Landesvereins für Familienkunde. 49. Jg. Kallmünz 1986.

Pölnitz, Götz Freiherr von: Die Fugger. Tübingen, 6., durchges. Aufl. 1999.

-----, und Hermann Kellenbenz: Anton Fugger. Band 3, 2. Teilband. Tübingen 1986.

Preysing, Maria Gräfin von. Die Fuggertestamente des 16. Jahrhunderts. II. Edition der Testamente. Weißenhorn 1992.

Reformation und Reichsstadt. Luther in Augsburg. Ausstellungskatalog. Hrsg. von Helmut Gier und Reinhard Schwarz. Augsburg 1996.

Riebartsch Joachim: Augsburger Handelsgesellschaften des 15. und 16. Jahrhunderts. Eine vergleichende Darstellung ihres Eigenkapitals und ihrer Verfassung. Bergisch Gladbach 1987.

Schad, Martha: Die Frauen des Hauses Fugger von der Lilie. Tübingen 1989.

Schwazer Silber – vergeudeter Reichtum? Verschwenderische Habsburger in Abhängigkeit vom oberdeutschen Kapital an der Wende vom Mittelalter zur Neuzeit. Hrsg. von Wolfgang Ingenhaeff und Johann Bair. Tagungsband. 1. Internationales Bergbausymposium Schwaz 2002, Innsbruck 2003.

Scheller, Benjamin: Memoria an der Zeitenwende. Die Stiftungen Jakob Fuggers des Reichen vor und während der Reformation (ca. 1505-1555). Berlin 2004.

Sieh-Burens, Katarina: Oligarchie, Konfession und Politik im 16. Jahrhundert. Zur sozialen Verflechtung der Augsburger Bürgermeister und Stadtpfleger 1518-1618. München 1986.

Steuer, Peter: Die Außenverflechtung der Augsburger Oligarchie von 1500-1620. Studien zur sozialen Verflechtung der politischen Führungsschicht der Reichsstadt Augsburg. Augsburg 1988.

»... wider Laster und Sünde«. Augsburgs Weg in die Reformation. Ausstellungskatalog. Hrsg. von Josef Kirmeier u.a. München 1997.

Zorn, Wolfgang: Augsburg: Geschichte einer europäischen Stadt. Augsburg, 4. Aufl. 2001.

Verzeichnis der Abbildungen

Seite 109 Jakob Seisenegger, Georg Fugger (1518-1569), um 1541 (Privatbesitz)
Seite 110 Schloss Kirchheim an der Mindel, 17. Jh. (Privatbesitz)
Seite 110 Schloss Kirchheim, Zedernsaal (Foto: privat)
Seite 111 Silberaltar von Hubert Gerhard, 1584 (Victoria and Albert Museum, London)
Seite 111 Hubert Gerhard, Brunnengruppe mit Mars, Venus und Amor, für Schloss Kirchheim, 1584–1594 (Bayerisches Nationalmuseum, München)
Seite 112 Alessandro Vittoria, Verkündigung, um 1580 (Chicago Art Institute)
Seite 113 Simon Sorg, Anton Ignaz Fugger (1711–1787), Fürstprobst von Ellwangen, Fürstbischof von Regensburg, Kupferstich von Johann Gottlieb Friedrich (Privatbesitz)
Seite 114 Lucas Kilian, Graf Ottheinrich Fugger (1592–1644), Kupferstich (Privatbesitz)
Seite 115 Fürst Anselm Maria Fugger von Babenhausen mit Familie, Gemälde um 1807 (Privatbesitz)
Seite 116 Fürst Karl Ernst Fugger von Glött (1859–1940), Kupfertiefdruck, Ausschnitt (Privatbesitz)
Seite 118 Bundespräsident Heuss besichtigt die Fuggerei, August 1955 (Foto: privat)
Seite 119 Fuggerhaus Augsburg (Foto: Michael Friedrichs)
Seite 120 Fresko von Ferdinand Wagner am Fuggerhaus, 1860–1863 (Städt. Kunstsammlungen, Augsburg)
Seite 121 Schutzmantelmadonna in der Fuggerei-Kirche St. Markus (Foto: Michael Friedrichs)
Seite 128 In der Fuggerei (Foto: Michael Friedrichs)

Alle Vorlagen stammen, soweit nicht angegeben, vom Fugger-Archiv Dillingen/Donau.